Göttinger
Gespräche zur
Geschichtswissenschaft

17

Göttinger Gespräche zur Geschichtswissenschaft
Band 17

Lucian Hölscher

Neue Annalistik

Umrisse einer Theorie der Geschichte

Max-Planck-Institut für Geschichte
Göttingen 2003

Lucian Hölscher

Neue Annalistik

Umrisse einer Theorie der Geschichte

WALLSTEIN VERLAG

Reinhart Koselleck zum 80. Geburtstag

Inhalt

Es gab einmal eine Zeit, in der beschränkten sich Chronisten darauf, in den von ihnen verfassten »Annalen« nur das aufzuschreiben, was sich in dem zur Notierung gerade anstehenden Jahr an besonders bemerkenswerten Ereignissen zugetragen hatte. An jene Chronisten erinnern gern moderne Historiker, wenn sie auf die Fortschritte der abendländischen Geschichtsschreibung hinweisen wollen. Denn die annalistischen Aufzeichnungen sahen in aller Regel sowohl davon ab, wie es zu diesen Ereignissen gekommen war, als auch, was später aus ihnen folgte. Und sie blieben damit hinter dem Anspruch zurück, den Gesamtzusammenhang darzustellen, in dem und aus dem heraus vergangene Ereignisse erst ihre historische Bedeutung erlangen.

Die annalistische Geschichtsschreibung hatte jedoch den Vorteil, dass sie bestimmte Ereignisse ganz fraglos in den Mittelpunkt ihrer Darstellung stellen konnte, ohne diese von den Deutungszusammenhängen abhängig zu machen, in denen diese in modernen Geschichten ihre – höchst wechselhafte – historische Bedeutung gewinnen. Nicht die Geschichte bestimmte in ihr die Bedeutung der Ereignisse, sondern die Ereignisse die Geschichte. Davon kann die Geschichtsschreibung auch heute wieder lernen. Denn ihren Erzählungen geben letztlich immer nur die Ereignisse Halt, aus deren Perspektive wir die historische Wirklichkeit betrachten.

I. Die zerbrochene Geschichte

Im Rückblick auf die beiden vergangenen Jahrhunderte kann man leicht zu dem, zugegebenermaßen etwas grobkörnigen, Eindruck kommen, dass das 19. Jahrhundert in Europa ein Jahrhundert der Kontinuität und des Fortschritts, das 20. Jahrhundert dagegen ein Jahrhundert der Diskontinuitäten, ja der globalen Katastrophen war. Je mehr wir Abstand zu ihm gewinnen, desto mehr schiebt sich die das vergangene Jahrhundert beherrschende Gewalt in den gesellschaftlichen Beziehungen und die massenhafte Vernichtung menschlichen Lebens in den Vordergrund der kollektiven Erinnerung. War die erste Jahrhunderthälfte von zwei großen Weltkriegen überschattet, deren Opferzahl diejenige vieler vergangener Jahrhunderte zusammengenommen weit in den Schatten stellt, so die zweite Jahrhunderthälfte von dem sich erst langsam formierenden Schrecken über das Geschehene und von der Furcht, dieser Schrecken könne vielleicht im 21. Jahrhundert seine Fortsetzung finden.

Die Katastrophen des 20. Jahrhunderts haben lang anhaltende Spuren im Verhältnis zwischen den Völkern hinterlassen. Dies hat Auswirkungen nicht nur darauf, wie die Geschichte des 20. Jahrhunderts erzählt wird, ihren Inhalt, sondern auch auf ihre Form, ihre Theorie und Methodik. Denn mit der Kontinuität des Geschichtsverlaufs ist auch die Einheit der Perspektive auf die Ereignisse verloren gegangen, welche der Vorstellung eines objektiven Verlaufs der Geschichte, der Geschichte schlechthin zugrunde liegt.

Wo sollte der historische und gesellschaftliche Ort einer solchen einheitsstiftenden Perspektive auch liegen? In der Utopie einer zukünftigen Weltgesellschaft oder im internationalen Gespräch der Geschichtswissenschaftler? Aber zwischen den Tätern und Opfern von Krieg und Vertreibung, Unterdrückung und Völkermord gibt es gewöhnlich kein verbindendes Gespräch, es sei denn, dieses wird von der Einsicht in begangenes Unrecht, in die Relativität unterschiedlicher Standpunkte und Erfahrungen getragen und geleitet. Wo diese Einsicht ausbleibt, entstehen dagegen Mauern der Sprachlosigkeit, welche zu überwinden oder gar einzureißen sich auch die Geschichtswissenschaft meist überfordert fühlt.

Dies gilt in modernen Gesellschaften zunehmend sogar für das Verhältnis zwischen verschiedenen gesellschaftlichen Gruppen innerhalb einzelner Völker, zwischen weltanschaulichen und politischen Parteien und zwischen verschiedenen Generationen, deren geschichtlicher Erfahrungshorizont sich im Laufe der Zeit radikal verschoben hat. In Deutschland wie in Israel z. B. haben sich mittlerweile weite Teile der zweiten und dritten Generation nach dem Holocaust entschieden von der Generation der Zeitgenossen, der Überlebenden und Täter des Völkermords distanziert, in Israel oft mit dem Vorwurf der vermeintlich »weichlichen« Opfermentalität ihrer Eltern und Großeltern, die ihrer Meinung nach nicht stark genug waren, sich gegen ihre Verfolgung und Vernichtung zur Wehr zu setzen; in Deutschland durch die Verständigung weiter Teile der Gesellschaft auf politisch »korrekte« Sprachformeln, welche – ohne wirkliche Auseinandersetzung mit dem alten Antisemitismus, seinen Beweggründen und Zielen – lediglich zu erkennen geben, was man heute denken soll, aber nicht, was die ältere Generation bei ihren Taten und deren Duldung durch die Masse der Mitläufer und Zuschauer wirklich bewegte.

Grundsätzlich handelt es sich bei solcher Sprachlosigkeit zwar nicht um eine neue Erscheinung des 20. Jahrhunderts. Denn auch schon in früheren Jahrhunderten gab es solche Mauern des Schweigens zwischen den europäischen Völkern und den Generationen. Im späten 19. und frühen 20. Jahrhundert galt es vielfach geradezu als eine natürliche Tatsache, dass verschiedene Völker, Religionsgemeinschaften und Rassen, etwa Franzosen und Deutsche, Mohammedaner und Christen ein unterschiedliches Geschichtsbild entwerfen, und dass selbst innerhalb derselben Nation zu verschiedenen Zeiten und innerhalb verschiedener sozialer Klassen unterschiedliche Darstellungen derselben Vergangenheit miteinander konkurrieren. Allein in Deutschland brachte z. B. schon die Generation nationalliberaler Historiker vor und nach 1848 für die Geschichtsbetrachtung der Aufklärung wenig Verständnis auf, ebenso wenig wie um 1900 sozialistische und sozialliberale Historiker für das nationale Geschichtsbild ihrer nationalliberalen Vorgänger.

Die Vermittlung divergierender Geschichtsbilder im Horizont der Geschichte insgesamt stellten diese Historiker, wenn überhaupt, dann bestenfalls Gott oder der List der Vernunft und einer ausgleichenden Gerechtigkeit des Geschichtsverlaufs anheim – je nach ihrem geschichtsphilosophischem Glaubensbekenntnis. Aber dies waren dann wohl doch illusionäre Vorstellungen. In Wirklichkeit begleitet der Zerfall der Geschichte in nationale, soziale und generationsspezifische Geschichtsbilder die europäische Geschichtswissenschaft schon mindestens seit ihrem wissenschaftlichen Neueinsatz im 18. Jahrhundert – wenn nicht gar schon seit dem feindlichen Gegensatz zwischen katholischen und protestantischen Geschichtsbildern im 16. Jahrhundert.

Gleichwohl gewann dieser Zerfall im Laufe des 20. Jahrhunderts eine neue Qualität. Denn die Globalisierung des Verkehrs zwischen den Nationen hat zu einer bislang unbekannten kommunikativen Vernetzung der Menschen geführt. Bemühungen um eine Abgleichung nationaler Geschichtsbilder, wie sie in Deutschland das Braunschweiger Georg-Eckert-Institut vorantreibt, zeigen den Bedarf konfligierender Nationen, im Interesse einer gemeinsamen Zukunft auch eine gemeinsame Vergangenheit zu gewinnen. Die Vermittlung verschiedener Geschichtsbilder wird hier nicht mehr Gott oder der Geschichte überlassen, sondern als politische Aufgabe der beteiligten Völker selbst begriffen. Die Verständigung auf eine gemeinsame Geschichte ist aus einem geschichtsphilosophischen zu einem politischen Geschäft geworden.

Damit werden zugleich aber auch die weiter bestehenden Mauern des Schweigens und die systematischen Schwellen des Missverständnisses zwischen verschiedenen sozialen Gruppen immer deutlicher als politische Belastung und Bedrohung spürbar: Schwerlich kann man deshalb heute noch wie im 19. und frühen 20. Jahrhundert mit gleichem Vertrauen auf den »Fortschritt« der Zivilisation und der Wissenschaften die Verständigung zwischen den Völkern, Generationen und Klassen einfach der Vernunft oder der Zukunft anheim stellen.

Trotz der wenigen rühmlichen Beispiele nationaler Verständigung scheint die Unvereinbarkeit der Geschichtsbilder sogar aufs ganze gesehen nicht ab-, sondern eher zuzunehmen. Denn wohl sind gerade in den letzten Jahrzehnten manche Fortschritte bei der Verständigung vor allem zwischen den europäischen Nationen erzielt worden. Aber sie verliefen parallel zur europäischen Einigung, während in anderen Teilen der Welt neue Brüche zwischen verschiedenen ethnischen Gruppen, Regionen und Religionsgemeinschaften entstanden, die z. T. überhaupt erst noch nach einem Ausdruck in divergierenden Geschichtsbildern suchen: Man denke nur an die Konflikte zwischen den Ureinwohnern Amerikas und Australiens und ihren weißen Eroberern, den kaukasischen Völkern und der russischen Imperialmacht, zwischen Nationalisten und Fundamentalisten in der Türkei, Ägypten und anderen islamischen Staaten, zwischen Israelis und Palästinensern oder an den gerade wieder aufbrechenden großen Konflikt zwischen den USA und der arabischen Welt, um nur einige der heutigen großen Konfliktherde zu nennen.

So gesehen handelt es sich bei den innerdeutschen Verständigungsschwierigkeiten um die Geschichtsbrüche des 20. Jahrhunderts um keine Ausnahme, sondern eher um die Regel. Der deutsche Fall gewinnt seine Brisanz, weltweit gesehen, nur dadurch, dass es sich hier um die Verständigung über einen Völkermord handelt, der im 20. Jahrhundert innerhalb der westlichen Welt eine gewisse paradigmatische Bedeutung gewonnen hat. Dieselben, ja z. T. sogar noch größere Verständigungsschwierigkeiten über die gemeinsame Vergangenheit bestehen jedoch auch in anderen Teilen der Welt, die einen

Völkermord durchlebt haben, etwa in der Türkei oder in der ehemaligen Sowjetunion.

Verständigungen über die gemeinsame Geschichte verschiedener Völker, Klassen und Generationen sind, so darf man vermuten, heute überall dort besonders erfolgreich, wo sich beide Seiten als grundsätzlich gleichberechtigte Partner anerkennen. Sie stoßen jedoch auf erhebliche Schwierigkeiten, wo zwischen beiden ein Ungleichgewicht an politischem Einfluss oder ein geringes Maß an gemeinsamen politischen Erfahrungen und Erwartungen besteht. Eben dies ist aber auch in der modernen Welt eher der Normalfall.

Das Ungleichgewicht kann unterschiedliche Ursachen haben: Häufig ist es in verschiedenen kulturellen Grundmustern begründet, häufig auch in unterschiedlichen generationellen Erfahrungsbezügen, gelegentlich auch in divergierenden sozialen Interessenlagen und politischen Zielvorstellungen. Alle Bemühungen sie zu überwinden haben sich auf die Dauer nur als Ausdruck eines Machtgefälles erwiesen, das zur Vorherrschaft eines siegreichen Geschichtsbildes über seine Widersacher geführt hat. Deshalb besteht heute wenig Hoffnung, dass sich der Traum einer einheitlichen Menschheitsgeschichte auf die Dauer doch noch erfüllen wird.

Angesichts dieses Befundes muss man sich eingestehen, dass historische Brüche ein wesentliches und gewissermaßen normales Merkmal der historischen Erfahrungen europäischer Gesellschaften im 20. Jahrhundert geworden sind. Dabei handelt es sich nicht allein um sachgeschichtliche Brüche, um Kontinuitätsbrüche der nationalen Geschichte, der in einer Gesellschaft herrschenden Normen und Institutionen, der verfassungs-, natur- und menschrechtlich verbrieften Grundrechte etc., sondern damit zusammen hängend auch um Brüche in der geschichtlichen Erinnerung und in unserer historischen Aufarbeitung des vergangenen Geschehens: um Kontinuitätsbrüche in den vorherrschenden Geschichtsbildern, um Brüche in den wissenschaftlichen Modellen und Forschungsmethoden der Geschichtswissenschaft u. a. m.

Es gehört daher zu den dringenden Aufgaben der geschichtstheoretischen Reflexion, eine Antwort auf die Frage zu finden, wie der bruchhafte Wandel der Geschichte theoretisch angemessen verarbeitet und dargestellt werden kann. Nur auf diesem Wege steht zu hoffen, dass künftige Geschichtsbrüche, wenn nicht vermieden, so doch wenigstens gemildert und seelisch bewältigt werden können. Denn dass zwischen den geschichtlichen Katastrophen des 20. Jahrhunderts und ihrer historischen Verarbeitung ein Zusammenhang besteht, davon kann sich jeder überzeugen, der sich mit der Geschichtsschreibung des 20. Jahrhunderts beschäftigt.

Mit den großen politischen Einschnitten und kulturellen Schwellen gingen auch immer wieder Brüche in der historischen Forschungspraxis und in der theoretischen Selbstbeschreibung der Geschichtswissenschaft einher. Man denke nur z. B. an die historiographischen Neuansätze der sog. französischen »Annales-Schule« und deren Lokalisierung nach dem Ersten Weltkrieg an der vormals deutschen Universität Straßburg oder an die sog. »Fischer-Kontroverse« nach 1960 um den Ausbruch des Ersten Weltkriegs in Deutschland. Stets wurden neue historische Erfahrungen nicht nur von einer Neubewertung der Vergangenheit, sondern auch von methodischen und theoretischen Neuansätzen der historischen Forschung begleitet.[1]

Allerdings, eine theoretische Konzeption, welche die Tatsache des epistemologischen Bruchs selbst zum Gegenstand der Reflexion macht, steht bislang noch aus. Gerade die neuere Kulturgeschichtsschreibung droht die Vergangenheit heute in ein Konglomerat sozial, generationell, ethnisch begrenzter Geschichtsbilder zerbrechen zu lassen.[2] Seitdem die großen Garanten einer transzendenten bzw. transzendentalen Einheit der Geschichte, Gott, Vernunft und die Geschichte selbst, an Glaubwürdigkeit verloren haben, sorgt keine Geschichtsphilosophie mehr dafür, dem geschichtlichen Ereigniszusammenhang einen allgemeinen Sinn abzugewinnen.[3]

Anders als die älteren weltgeschichtlichen Kompendien, welche (etwa nach dem Vorbild Oswald Spenglers oder Arnold Toynbees) die Vielzahl disparater Nationalgeschichten einfach in das Prokrustesbett einer chronologisch-diskursiven Aufeinanderfolge von Aufstieg und Niedergang der Kulturen pressten, hat die neuere Kulturgeschichte deshalb auch bislang noch kein geschichtliches Schema gefunden, durch das sich die unterschiedlichen kulturellen Sinnsysteme in einen sachlich-diskursiven Zusammenhang bringen ließen.

Ihren eigenen Prämissen zufolge ist dies, wie noch zu zeigen sein wird, auch nur schwer denkbar. Denn wo jede »Erinnerungskultur«, jede kulturelle »Symbolwelt«, jeder »Text« einen eigenen Kosmos für sich ausmacht, gibt es keine geschichtliche Wirklichkeitsebene, auf der alle diese kulturellen Erscheinungen koexistieren oder gar wechselseitig aufeinander bezogen werden könnten. Deshalb findet unter Kulturwissenschaftlern heute vielfach die Vermutung Gehör, dass es *eine* geschichtliche Wirklichkeit als realen Ereigniszusammenhang gar nicht gibt, dass die Geschichte vielmehr in Wahrheit nichts weiter als ein Konstrukt, eine Fiktion von begrenzter Reichweite ist und deshalb mehr mit der Kreativität literarischer Werke und der Willkürlichkeit der sozialen Praxis zu tun haben könnte als mit der Gegebenheit natürlicher Objekte.[4]

Darin liegt eine Herausforderung an die Geschichtswissenschaft, die nach einer neuen Diskussion dessen verlangt, was wir überhaupt unter Geschichte zu verstehen haben. Das Problem der zerbrochenen Geschichte erweist sich so gesehen – fern davon, als ein überflüssiges Relikt metaphysischen Denkens verabschiedet werden zu können – heute als ein Kernproblem des politischen Zusammenlebens der Weltgesellschaft und ihrer historiographischen Repräsentation selbst.

Die historische Wirklichkeit zu beschreiben, und zwar in ihrem ganzen Umfang, hat die Geschichtswissenschaft seit jeher zu ihrer Aufgabe erklärt, daran hängt ihr wissenschaftliches Selbstverständnis, ihre Methodik und ihre gesellschaftspolitische Funktion. Will sie auch weiterhin an diesem Anspruch festhalten, dann bedarf sie allerdings einer Theorie der Geschichte, die extrem widersprüchlichen Anforderungen genügt. Diese Theorie muss nämlich gleichzeitig in der Annahme einer einheitlichen historischen Wirklichkeit der Einheit der Geschichte und in der Anerkennung divergierender kultureller Sinnsysteme der faktischen Disparität zwischen divergierenden Geschichtsbildern Rechnung tragen, wie immer diese auch diachron und synchron, ethnisch oder sozial konstruiert sein mögen.

II. Das Problem der historischen Wirklichkeit

1. Die Herausforderung des Konstruktivismus

Die Geschichte bildet heute keine theoretische Einheit mehr, weder im Sinne eines durchgehenden Zusammenhangs aller geschichtlichen Ereignisse noch im Sinne einer durchgehenden weltgeschichtlichen Erzählung. Man mag allerdings bezweifeln, ob sie dies je war. Denn alle Versuche, einen weltgeschichtlichen Zusammenhang zu stiften, der alle geschichtlichen Zeiten und Räume umfasst, sind empirisch gesehen letztlich immer gescheitert: Teils erfassten solche Erzählungen eben doch nur immer einen begrenzten Teil des vergangenen Geschehens, teils zerfiel dieses selbst auch immer wieder in unzusammenhängende Teilprozesse. Zu den Geschichtsphilosophen, die seit der Aufklärung die Einheit der Geschichte verkündeten, haben die Historiker daher schon immer Abstand gewahrt und sich gewöhnlich nur in pathetischen Momenten auf so große Perspektiven eingelassen.

Dass die Geschichte eine Einheit bildet, ist jedoch zugleich eine Überzeugung, welche die Geschichtswissenschaft so lange begleitet, wie sie überhaupt über ihren Gegenstand nachdenkt.[5] Schon Cicero nannte Herodot den »Vater der Geschichte« (pater historiae), Herodot hatte die Methode des Forschens (historein) gleich zu Beginn seines großen Werkes über den östlichen Mittelmeerraum als erster zum Prinzip wissenschaftlichen Arbeitens erhoben. Aristoteles hatte davon den Begriff eines eigenständigen Wissensbereiches abgezogen, während Polybios und der Stoiker Poseidonios, sein Schüler, wohl als erste den Gedanken formulierten, dass die Geschichte eine Einheit bilde. Von Tyche, dem Schicksal, dem Zufall, dem Wirken göttlicher Mächte gestiftet, umfasse sie alle Menschen. Seither konnte man von der ›historia‹ auch im allegorischen Sinne einer göttlichen Instanz sprechen, die das Leben der Menschen lenke: historia magistra vitae.

Doch historia, ›Historie‹, meinte dabei, das muss man einräumen, immer in erster Linie »Geschichtserzählung«: Deren Gegenstand, die »Taten« (res gestae) der Menschen, waren immer begrenzte Ereigniszusammenhänge, mit einem Anfang und einem Ende, einem inneren Plot und einer Moral, aus der man lernen konnte. Erst im Laufe des 18. Jahrhunderts verschmolzen die vielen Geschichten mit der literarischen Gattung der Erzählkunst (Historie) zum Begriff der *einen* Geschichte schlechthin, welche Ereigniszusammenhang und Erzählung in einem war.

Damit entstand die begriffliche Grundlage für die moderne Geschichtswissenschaft. Doch der neue Einheitsbegriff der Geschichte war auch jetzt weniger ein theoretisches Konzept, das die empirische Forschung auf sichere Füße stellte, als vielmehr der Knotenpunkt eines Problemzusammenhangs, der seither immer wieder neu geschürzt worden ist. Und so kommen auch wir nicht umhin, den Begriff der Einheit der Geschichte neu zu überdenken und zu problematisieren.

Dabei legt sich sogleich ein Einwand nahe, der die Vorstellung, dass die Geschichte eine Einheit bildet, vorschnell als obsolet erscheinen lassen könnte: Diese Einheit lässt sich nämlich niemals auf rein empirischem Wege erweisen.

Ob nun erkenntnistheoretisch als Bedingung der Möglichkeit von historischer Erkenntnis überhaupt oder anthropologisch als Verwirklichung der Bestimmung der Menschheit ausgewiesen, stets ist die Geschichte mehr als die Summe des von Menschen empirisch erfahrbaren Geschehens in der Welt.

Die Idee einer Einheit der Geschichte könnte deshalb tatsächlich als ein bloßes Relikt philosophischer und theologischer Spekulationen erscheinen, von dem sich die empirische Geschichtsforschung inzwischen zum Glück weitgehend befreit hat. Und in der Tat würden einer solchen Meinung heute wohl viele Historiker zustimmen. Das Problem ist aber in Wirklichkeit komplexer, als es in solch antispekulativer Perspektive erscheinen mag.

Denn auch zu unserem heutigen Weltverständnis gehört die Vorstellung von der Einheit der Geschichte in gewissem Sinne ganz selbstverständlich dazu: Wir setzen nämlich, wenn wir uns auf Vergangenes beziehen, einen Begriff von historischer Wirklichkeit voraus, der die vergangenen Ereignisse als Elemente eines einheitlichen Weltzusammenhangs begreift. Ohne eine solche Vorstellung von einem einheitlichen Geschichtsraum könnten wir die Vergangenheit gar nicht in der Weise erforschen und beschreiben, wie wir dies tun.

So wäre z. B. eine Aussage wie diejenige, dass zur selben Zeit, als in China um 500 v. Chr. Geburt Konfuzius seine ethische Lehre verkündete, in Griechenland die philosophische Aufklärung und in Israel eine neue Blüte der Jahwe-Religion nach dem Ende des Babylonischen Exils einsetzte, schon deshalb unmöglich, weil sie einen einheitlichen Bezugspunkt in der heute weltweit verbreiteten christlichen Zeitrechnung voraussetzt. Sie wäre aber auch unabhängig davon solange schlechterdings sinn- und belanglos, wie sie nicht die Frage möglich macht, ob zwischen diesen Vorgängen nicht ein Zusammenhang bestehen könnte. Die weltgeschichtliche Chronologie der christlichen Zeitrechnung eröffnet (wie jede andere Chronologie auch) einen Geschichtsraum, in dem die Feststellung der Gleichzeitigkeit oder der zeitlichen Aufeinanderfolge von Ereignissen immer zugleich auch deren möglichen Sinnzusammenhang postuliert.

An der Voraussetzung, einem gemeinsamen historischen Wirklichkeitsraum anzugehören, hängt alle historische Rekonstruktion. Würden wir diese Voraussetzung nicht ganz selbstverständlich machen, so könnten wir z. B. auch nicht im Nachhinein das Bevölkerungswachstum und die Verbesserung landwirtschaftlicher Anbaumethoden in England im 18. Jahrhundert für den Beginn der Industriellen Revolution dort verantwortlich machen. Denn die unterstellten Einflüsse sind nur denkbar, wenn sich alle diese Vorgänge im selben vergangenen Wirklichkeitsraum abspielten. Je für sich entnehmen wir sie zwar den Quellen, ihre Zusammenhänge können wir jedoch in der Weise, wie wir dies als Historiker tun, nicht aus ihnen ablesen, sondern nur theoretisch unterstellen.

Nur weil wir historische Fakten als Elemente einer zusammenhängenden vergangenen Wirklichkeit begreifen, können wir sie auf einander beziehen, Zusammenhänge zwischen ihnen heraus arbeiten und Wirkungen postulieren, die in den Quellen so gar nicht erwähnt werden. Vergangene Tatsachen gehören der historischen Wirklichkeit an, insofern sie einer gemeinsamen Raum-Zeit angehören, die sich nach traditionellem, allerdings erst im 18. Jahrhundert entwickeltem Verständnis unendlich über alle vergangenen, gegenwärtigen und zukünftigen Dinge erstreckt. Die Annahme einer unendlichen und homogenen Raum-Zeit ist die stillschweigende Voraussetzung unserer historischen Rekonstruktionsbemühungen, in ihr manifestiert sich unser Glaube an die Einheit der Geschichte.

Man kann dies leicht anhand der hypothetischen Überlegung überprüfen, es gäbe keine solche homogene und unendliche Raum-Zeit, sondern nur eine Vielzahl unverbundener, aber endlicher Zeit-Räume. Gemeint sind hier nicht diejenigen Zeitabschnitte, die wir in der Geschichte gewöhnlich »Epochen« nennen und die doch alle nur Teile der einen großen Geschichtszeit sind, sondern tatsächlich separate, untereinander unverbundene Zeit-Räume mit je eigener Zeitrechnung. Wir kennen solche Zeit-Räume als fiktionale Gebilde etwa aus der schönen Literatur, aus den »virtuellen Welten« von Filmen und Computerspielen.

Aber es gibt sie nicht erst, seit es das Fernsehen, das Internet und Computerspiele oder Filme wie *Matrix* gibt. Auch jeder Traum, jede mystische Gotteserfahrung, jede Romanlektüre hat die Menschen immer schon in solche virtuellen Welten entrückt, aus denen zurückzukehren ihnen oft schwer genug fiel. Solange dies jedoch im Prinzip möglich oder auch nur denkbar ist, bleiben sie stets auf eine letzte und höchste Wirklichkeit bezogen, aus welcher der Besucher in sie ein- und in die er gewöhnlich auch wieder austreten kann. Weil ihre interne Zeit mit unserer eigenen Lebenszeit in keinem kontinuierlichen Zusammenhang steht, billigen wir ihnen allerdings auch keine geschichtliche Realität zu.

Im Unterschied zu ihnen gab es endliche Zeit-Räume allerdings schon in der Vergangenheit: Auch zwischen der eigenen und jenen fern ab liegenden Gesellschaften jenseits der Länder und Meere, von denen sich seit Homer und bis zu den Reiseschriftstellern der Frühen Neuzeit immer wieder Berichte finden, gab es für die Zeitgenossen bis vor wenigen Jahrhunderten kein realistisches Zeit- und Raumkontinuum. Mochten jene fernen Inseln und Reiche auch ihre eigene Zeitrechnung und ihre eigene Vorstellung von der chronologischen Abfolge vergangener Ereignisse haben, so hatten diese doch nichts mit der im eigenen Land vertrauten Zeit- und Raumordung zu tun: Weder die raum-zeitlichen Parameter noch die Ereignisse selbst, die mit ihrer Hilfe geordnet wurden, boten in der Regel irgendwelche Zuordnungsmöglichkeiten – abgesehen vom Zeitpunkt der Gegenwart, in der man sich gerade selbst befand. Reisenden, die sich in solche fernen Welten begaben, betraten daher eine Art von mythologischem Raum, in dem die von ihnen (vor allem auf der Reise selbst) durchschrittenen Zeiten und Räume, sofern sie nicht in Gesellschaft reisten, nicht mehr messbar waren, sondern sich in die subjektiven Erlebnisräume des Flugs oder Schlafs auflösten.[6]

2. Die kompensatorischen Konstrukte der Geschichtstheorie

Für die moderne Geschichtswissenschaft ist allerdings auch eine solche Vorstellung disparater Welten mit je eigenen Raum-Zeit-Parametern letztlich unvereinbar mit ihrem eigenen Verständnis von historischer Realität. Sie kann sie als subjektive Wirklichkeitserfahrungen vergangener Gesellschaften würdigen, muss diese jedoch als solche dann doch immer in einem absoluten Geschichtsraum ansiedeln. Denn andernfalls würde sie sich aller Möglichkeiten begeben, solche Vorstellungen in einen geschichtlichen Zusammenhang einzubinden. Sie kann also auf die spekulative Prämisse einer einheitlichen und homogenen Raum-Zeit nicht verzichten, ohne ihr traditionelles Selbstverständnis als Wissenschaft, die von der vergangenen Wirklichkeit handelt, infrage zu stellen.[7]

Je mehr sie sich in diesem Punkt vom spekulativen Erbe der Geschichtsphilosophie zu befreien suchte, desto stärker verstrickte sie sich deshalb immer wieder in deren Prämissen: Schon Rankes Aufwertung des empirisch erfahrbaren Einzelbefundes nötigte ihn zu der kompensatorischen Bestimmung, jede Epoche der Menschheitsgeschichte sei »unmittelbar zu Gott«. Ebenso erging es Marx, dessen Geschichtsschreibung bekanntlich von Anfang an von einem vehementen Wirklichkeitspathos getragen wurde: »Es sind die wirklichen Individuen, ihre Aktion und ihre materiellen Lebensbedingungen, sowohl die vorgefundenen wie die durch ihre eigene Aktion erzeugten. Diese Voraussetzungen sind also auf rein empirischem Wege konstatierbar«, heißt es z. B. 1845/46 in der »Deutschen Ideologie«.[8] Doch die Betonung der wirklichen Lebensgrundlagen des Menschen ging auch bei ihm mit einer kompensatorischen Geschichtsteleologie der kapitalistischen Produktionsweise einher.[9]

Wer immer also – von Augustin und Bossuet über Kant und Hegel, Ranke und Comte bis hin zu Buckle und Spengler – den Versuch unternahm, der Geschichte insgesamt einen durchgehenden Sinn und Verlauf abzugewinnen, der sah sich genötigt, auf ein metaphysisches Subjekt der Geschichte jenseits der geschichtlichen Einzelereignisse selbst zurück zu greifen und damit »Gott«

oder »die Natur«, »die Menschheit« oder »den geschichtlichen Fortschritt« als treibende Kraft des geschichtlichen Prozesses insgesamt auszugeben.[10]

Auch wenn man allerdings an ihrem Erfolg zweifelt, so waren die Emanzipationsschübe von den geschichtsphilosophischen Einheitskonzepten doch nie vergeblich und nutzlos, sondern im Gegenteil immer höchst produktiv für das jeweils herrschende Konzept von geschichtlicher Wirklichkeit. Mit der Einheit wurde ein Zielpunkt der Geschichte fassbar, der gerade auch dann, wenn er nicht im Jenseits dieser Welt, dann doch immerhin jenseits der Gegenwart lag, diese also auf ein Zukünftiges, Anzustrebendes hin transzendierte.

In diesem Sinn gewann etwa schon Kant in der Preisgabe des Jüngsten Gerichts als theologischem Horizont menschlichen Lebens eine Fernperspektive auf die Zukunft der Menschheit, welche ihr großartige zukünftige Fortschritte in Aussicht stellte. Die Zurückweisung der in solchem Fortschritt wirkenden »Naturabsicht« wiederum erlaubte es Marx, einen ökonomisch definierten Begriff von gesellschaftlicher Wirklichkeit zu entwerfen, der mittelbar auch auf die politische Praxis der Menschen zurückwirkte. In der positivistischen Tradition Saint-Simons gab die Kritik an den älteren theologischen Konzepten einer göttlichen Vernunft einen Begriff von Positivität und Gesellschaft frei, der das Ganze der Geschichte als Welt von Tatsachen beschreiben ließ. Und auch der modernen Sozialgeschichtsschreibung gelang es mit dem Konzept der »Modernisierung«, einen Zielbegriff der geschichtlichen Entwicklung aufzustellen, der, unbeschadet seiner explizit antimetaphysischen Absicht, die unterschiedlichsten »modernen« Gesellschaften im Vergleich mit einander auf ein gemeinsames Entwicklungsziel hin ausrichtete.[11]

So ließe sich die Geschichte der modernen Sozial- und Geisteswissenschaften insgesamt als Geschichte der Abarbeitung an einem Konzept von Geschichte beschreiben, das jeweils die Einheit der Geschichte in Frage stellte, um sie auf dem Umweg über eine neue Definition von Wirklichkeit wiederzugewinnen.

3. Der Zerfall der geschichtlichen Wirklichkeit in den Kulturwissenschaften

Unser Wirklichkeitsverständnis verlangt also nach einem Konzept von der Einheit der Geschichte. Und doch hat die Geschichtstheorie seit fast einem Jahrhundert zunehmend Abschied vom idealistischen Konzept eines einheitlichen Geschichtsraums genommen. Sie steht damit in innerem Zusammenhang mit anderen Wissenschaften, die ebenfalls im 20. Jahrhundert das kant-newtonsche Paradigma der absoluten Zeit und des absoluten Raums hinter sich gelassen haben: am sichtbarsten in der Physik seit der Anerkennung von Einsteins Allgemeiner Relativitätstheorie; aber auch in der Soziologie, wo nicht erst Luhmanns Systemtheorie, sondern vor ihm schon Hans Freyer die Eigenzeit sozialer Systeme herausgearbeitet hat, und in der Psychologie, wo etwa Piagets Arbeiten ein analoges Zeitverständnis von frühkindlichen Entwicklungsprozessen eröffneten; nicht zu reden von anderen Geisteswissenschaften, die schon früher wenig mit dem Begriff einer absoluten Zeit anzufangen wussten: der Theologie, der Literatur- und Kunstwissenschaft usw.

In der Geschichtswissenschaft war es vor allem die französische Annales-Schule, die sich nach dem Ersten Weltkrieg vom Konzept einer absoluten Geschichtszeit abkehrte. Wie Ulrich Raulff in seinem Essay über den »unsichtbaren Augenblick« herausgearbeitet hat,[12] flossen dabei unterschiedliche Anstöße, u. a. aus der phänomenologischen Philosophie Bergsons und der Humangeographie Vidal de la Blaches sowie eine sich in Frankreich um die Jahrhundertwende zuspitzende innerfachliche Auseinandersetzung mit der politischen Ereignisgeschichte zu einem neuen Begriff historischer Zeit zusammen.

Am griffigsten wurde das neue Zeitverständnis der Annales-Schule von Fernand Braudel konzeptionalisiert, zunächst in seinem Mittelmeer-Buch, dann Ende der 1950er Jahre in seinem Aufsatz über die »longue durée«, als Dreizeitenmodell einer kurzen, mittleren und langen Dauer, d. h. einer kurzen Zeit der politischen Ereignisgeschichte, einer mittleren Zeit der sozialen Strukturen und der wirtschaftlichen Konjunkturen und einer langen Dauer des langfristigen, fast unmerklichen Wandels in Bereichen wie der scheinbar unbeweglichen Erd- und der Sprachgeschichte.[13] Komplexe historische Vorgänge wie der politische, soziale und ökologische Wandel der Mittelmeerwelt im 16. Jahrhundert wurden damit als Überlagerungen von Wandlungsvorgängen unterschiedlicher Geschwindigkeit les- und deutbar. Und nicht nur in Frankreich sind objektgebundene Zeitanalysen seither zu bevorzugten Forschungsaufgaben der modernen Struktur- und Mentalitätsgeschichte aufgestiegen, bei denen etwa zwischen der »Zeit der Händler«, der »Zeit der Städte« (Jacques LeGoff) und vielen anderen Eigenzeiten sozialer Gruppen und politischer Institutionen unterschieden wird.[14]

Noch weiter schritt die Dekonstruktion des traditionellen Verständnisses von historischer Wirklichkeit mit der semiotischen Revolution des Konstruktivismus fort. Erst mit ihr ist die Einheit der geschichtlichen Wirklichkeit selbst radikal in Frage gestellt worden.[15] Wirklichkeit ist in der Sicht der Konstruktivisten ein semiotisches Konstrukt, dessen Geltung nicht weiter reicht als der semiotische Raum, der durch die kulturellen Zeichen aufgebaut wird, keine unabhängig von ihrer Erkenntnis existierende Gegebenheit. Denn sie entsteht, indem wir sie erkunden. Mehrere soziale Wirklichkeiten sind deshalb innerhalb dieses Konzepts nicht nur denkbar, sondern auch tatsächlich vorhanden. Das eröffnet den Reflexionsraum für eine Kulturtheorie der Fremdheit, in der fremde Wirklichkeiten entweder als autonome Gebilde oder auf ihre Übersetzbarkeit hin erkundet werden können. Wir können ihre Zeichensprache, ihre funktionellen Beziehungen und Bedeutungen kennen lernen, aber wir können sie nicht mehr aus unserer eigenen Wirklichkeit ableiten.[16]

Aus konstruktivistischer Sicht gibt es keinen umfassenden Raum der Geschichte, in dem solche Wirklichkeiten »neben« einander stehen könnten, sondern allenfalls eine Hierarchie von Beziehungen, die ein Machtgefälle zwischen ihnen begründen. Die Frage, welche Wirklichkeit man als solche anerkennt, droht so in der konstruktivistischen Wirklichkeitsbetrachtung – wie dies schon bei Foucault in den 1960er Jahren und heute vielfach im Umkreis der amerikanischen »cultural studies« zu beobachten ist – aus einer methodischen zu einer ethischen Frage zu werden und verliert damit viel von ihrer vormaligen wissenschaftlichen Rationalität.[17]

In die Geschichtswissenschaft hat die konstruktivistische Geschichtsbetrachtung in den letzten Jahrzehnten auf vielen Wegen Eingang gefunden: Michel Foucaults Wissenssoziologie und Benedict Andersons »Imagined Communities« können heute vielleicht als zwei besonders folgenreiche Symptome ihres Einflusses auf die neue Kulturgeschichte gelten.[18] Ihren vorläufigen Höhepunkt erreichte sie allerdings erst in den 1990er Jahren mit dem von Jacques LeGoff, Pierre Nora, Jan Assmann u. a. ausgearbeiteten Konzept der Erinnerungsgeschichte.[19] In ihm löst sich die Geschichte im oben beschriebenen klassischen Sinne des gleichzeitigen Gesamtzusammenhangs der »res gestae« und der »historiae rerum gestarum« in die kollektive Erinnerung sozialer Gruppen auf. Deren Erinnerungskultur besteht dabei, nach der Beschreibung von Jan Assmann, vor allem in der Vergegenwärtigung vergangener Ereignisse durch die Rezeption der Überlieferung und die Wiederholung spezifischer kultureller Riten und Symbole.

Geschichte in diesem Sinne verliert den Charakter einer Raum und Zeit transzendierenden Totalität und nimmt statt dessen den einer raum-zeitlich begrenzten Weltdeutung an. In ihr stellt sich die Vergangenheit als grundsätzlich fremde Welt dar, welche ein wie immer geartetes unmittelbares Verständnis auf der Basis gegenwärtiger Erfahrungen ausschließt. Geschichte in diesem Sinne als »Erinnerungskultur« verstanden ist ein kulturelles Konstrukt, an dessen Inszenierung ein ganzes Arsenal gesellschaftlicher Institutionen mitwirkt: Diese reichen vom Museum über die Denkmalspflege bis zum Theater, zum kirchlichen Fest und religiösen Ritus. Jörn Rüsen fasst sie im Begriff der »Geschichtskultur« zusammen, welche im Kern auch für ihn eine Erinnerungskultur ist.[20]

4. Fiktionalität und Fiktivität

Wie auch immer wir uns zu diesen neuen Tendenzen der Kulturgeschichtsschreibung stellen,[21] so deuten sie doch auf eine weit reichende Auflösung des traditionellen historischen Wirklichkeitsverständnisses hin. Die Unterscheidung zwischen fiktiven und realen historischen Ereignissen wird in ihnen, wenn nicht hinfällig, so doch porös und ideologiekritisch hinterfragbar. Was wirklich geschah, erscheint als perspektivische Aussage, deren Wahrheit an der Akzeptanz ihrer epistemologischen Prämissen hängt. Von denselben historischen Vorgängen scheinen nun mehrere Darstellungsvarianten denkbar, ohne dass diese sich wechselseitig das Recht auf Wahrheit bestreiten könnten.

Für die Arbeit des Historikers ist eine solche Einebnung von Realität und Fiktion katastrophal. Das Konzept der Erinnerungsgeschichte trägt der Praxis geschichtswissenschaftlicher Methoden nicht hinreichend Rechnung. Methodisch müssen sich nämlich verschiedene Geschichtserzählungen auf dieselbe geschichtliche Realität beziehen lassen, um überhaupt wahrheitsfähig im Sinne der historiographischen Forschung zu sein. Wenn es sich dabei nämlich nur um unterschiedliche, aber grundsätzlich gleich berechtigte Konstruktionen von Wirklichkeit handelte, fiele der erkenntnisleitende Fluchtpunkt einer einzigen historischen Realität weg, um deren richtige Erfassung unterschiedliche Beschreibungen derselben konkurrieren müssen. Jenseits der unterschiedlichen Erinnerungen von Tätern und Opfern der großen Völkermorde des 20. Jahrhunderts gäbe es z. B. keine Möglichkeit der historischen Rekonstruktion mehr, die deren subjektive

Darstellungen zu korrigieren erlaubte. Rankes Bemühen darzustellen, »wie es denn eigentlich gewesen« war, müsste uns ein ähnliches Lächeln abnötigen wie dasjenige des Mythenforschers Robert Ranke-Graves, der seine Zusammenstellung von Varianten griechischer Mythen jeweils mit einer Schlussfassung endete, die erzählte, wie sich der Mythos angeblich »tatsächlich« zugetragen hatte.[22]

Ein solches Beharren auf der begrifflichen Unterscheidung zwischen historischer Fiktion und historischer Faktizität widerspricht weder der richtigen Beobachtung, dass historische Erinnerungen, unbeschadet ihrer ex post gesehen eventuell falschen historischen Deutung, für die Zeitgenossen eine unbezweifelbare Wirklichkeit darstellen konnten, noch der Tatsache, dass die durch sie ins Leben gerufenen Geschichtsbilder faktische Folgen gehabt haben können, denen ihre oberflächliche Charakterisierung als ›Mythos‹ oder ›Legende‹ nicht gerecht wird – wie dies auch in der neueren Geschichtsschreibung z. B. in bezug auf den Ersten Weltkrieg mit den Begriffen ›Langemarckmythos‹, ›Tannenbergmythos‹ oder ›Dolchstoßlegende‹ lange Zeit üblich war. Auch wenn die Geschichte mehrere Ebenen ihrer – subjektiven oder objektiven, zeitgenössischen oder nachträglichen – Wahrnehmung freigibt, muss sie am Fluchtpunkt einer einheitlichen historischen Wirklichkeit festhalten.

Um das Problem der Konstruktivität historischer Ereignisse nicht, wie dies in solchen Debatten häufig geschieht, mit dem ihrer historischen Realität zu vermischen, ist es hilfreich, terminologisch scharf zwischen der Fiktionalität und der Fiktivität historischer Ereignisse zu unterscheiden. Fiktional sind, epistemologisch gesehen, alle historischen Ereignisse: Der Begriff der Fiktionalität bezieht sich auf die sprachliche bzw. bildliche Konstruktion aller Ereignisse und ihre mnemotechnische Vermittlung. Fiktiv heißen dagegen alle nicht-realen Ereignisse: Sie haben sich historisch niemals ereignet. Bezogen auf die Geschichtsschreibung existieren fiktive Ereignisse, so definiert, nur in der Literatur, nicht außerhalb derselben; fiktionale Ereignisse können dagegen jenseits ihrer literarischen u. U. auch eine außerliterarische Existenz für sich beanspruchen.

Wie diese begriffliche Unterscheidung schon erahnen lässt, ist die Beziehung zwischen historischer Erzählung und historischer Wirklichkeit komplex und vielschichtig: Denn einerseits wissen wir von wirklichen Ereignissen immer nur im Medium sprachlicher, bildlicher oder gestischer, kurz semiotischer Repräsentationen; andererseits beanspruchen diese Repräsentationen aber auch selbst wiederum eine Form der Wirklichkeit für sich, in der das Repräsentierte mit dem Repräsentierenden zusammen fällt: Der Ausdruck *ist* das Ausgedrückte. So verweisen der fiktionale, konstruktive Charakter aller Wirklichkeit und der realistische Charakter aller Fiktionen wechselseitig aufeinander und bedingen einander erkenntnistheoretisch.

Dass wir zwischen der Fiktivität und der Realität von Ereignissen nicht überhaupt nur als zwischen Gegensätzen innerhalb des historischen Diskurses unterscheiden können, hängt mit einer anthropologischen Prämisse des neuzeitlichen Geschichtsbegriffs zusammen. Dieser beruht nämlich auf einer Übertragung des individuellen menschlichen Erinnerungsvermögens auf die Menschheit als Gattung insgesamt.[23] Das menschliche Gedächtnis nimmt im Akt der Erinnerung, wie schon Augustin gezeigt hat,[24] eine eigentümliche Setzung vor: Es setzt mit dem Gegenstand der Erinnerung einen Zustand als existent voraus, der zum Zeitpunkt des Erinnerns, wie der Erinnernde sehr wohl weiß, nicht (mehr) existiert.[25]

Die Möglichkeit zur mentalen Koexistenz zweier sich in der Realität ausschließender Zustände bietet deren zeitliche Abfolge: eins tritt »an die Stelle« des anderen, wobei das, was wir hier in Bezug auf das menschliche Gedächtnis als »Stelle« bezeichnen, auch auf dessen Inhalt bezogen »Lebenswelt« genannt werden könnte. Könnten wir Zustände, die uns nicht unmittelbar präsent sind, nicht als »vergangene« erinnern, so müssten wir sie wohl notgedrungen immer als »fiktiv« begreifen bzw. eine Unterscheidung zwischen fiktiven und realen Ereignissen wäre außerhalb dessen, was uns unmittelbar gegenwärtig ist, überhaupt nicht möglich. Die Erinnerung eröffnet uns so aller erst die Möglichkeit zur Unterscheidung zwischen fiktiven und realen Zuständen außerhalb unserer unmittelbar gegenwärtigen Erfahrung.

Fiktive vergangene Ereignisse, wie sie uns etwa in Romanen oder anderen virtuellen Welten begegnen, können wir deshalb als Ereignisse definieren, die bei ihrer Vergegenwärtigung nicht mit derselben Lebenswelt konkurrieren, in der wir selbst uns gerade befinden. Das bedeutet nicht, dass fiktive Ereignisse keinen Bezug zu unserer Lebenswelt haben; aber dieser Bezug, wie immer wir ihn herstellen, ist jedenfalls nicht temporaler Natur. Reale vergangene Ereignisse dagegen konkurrieren unmittelbar mit der lebensweltlichen Wirklichkeit, in der wir uns selbst gerade bewegen, und müssen deshalb in ein sie relativierendes Verhältnis zu ihr gesetzt werden – und dies ist eben ihre temporale Zuordnung zur Gegenwart als »vergangene« Ereignisse. Wie der Erzähler selbst ein Teil der Erzählung, so ist der Gegenwartsmensch daher immer Teil der von ihm begriffenen Vergangenheit.

Die historische Zeit bestimmt auf diese Weise nicht allein die Relation zwischen Vergangenheit und Gegenwart, sondern zugleich, viel grundsätzlicher noch, die Zugehörigkeit beider zur selben Dimension menschlicher Existenz. Beide sind in der historischen Erzählung Fiktionen, d. h. geschichtliche Konstruktionen. Aber die Konstruktion der realen Vergangenheit beruht auf einer spezifischen Leistung des erinnernden Bewusstseins, nämlich der Gewissheit, dass ein vergangener durch einen gegenwärtigen Zustand ersetzt wurde, dass dieser »an die Stelle« des anderen trat.

III. Die historiographische Erklärungskraft der Zeit

1. Drei Formen des historiographischen Erkenntnisfortschritts

Es ist heute gerade das zunehmende Alter der Geschichtswissenschaft selbst, d. h. die Zeit seit der Verwissenschaftlichung der Geschichtswissenschaft im ausgehenden 18. und frühen 19. Jahrhundert, welche Zweifel daran aufkommen lässt, dass die geschichtswissenschaftlichen Forschungsleistungen der letzten zwei Jahrhunderte auch in Zukunft durch immer neue Forschungsleistungen überboten werden. Die alltägliche Forschungspraxis zeigt nämlich, dass vermutlich weit über 90% der gegenwärtig in geschichtswissenschaftlichen Arbeiten zitierten Literatur erst nach 1980 erschienen ist.

Die Kehrseite dieses Befundes besteht darin, dass die weit überwiegende Anzahl älterer wissenschaftlicher Werke nicht mehr oder kaum noch rezipiert wird. Das wirft die Frage nach deren Schicksal – und damit implizit natürlich auch nach der Verfallsdauer der heute produzierten Forschungsliteratur – auf. Es stellt sich nämlich die Frage, wie mit der älteren Forschung umgegangen werden soll: ob man ihre Erkenntnisse, soweit sie nicht von der neueren Forschung bestätigt und somit in ihr aufgehoben sind, einfach dem Vergessen anheim gibt oder ob man sie, vergleichbar alten Plattenaufnahmen, als historische Interpretationen vergangener Wirklichkeit weiterhin wert schätzt.

Die Frage lässt sich allerdings auch umgekehrt stellen: Kann die neuere Forschung tatsächlich sachlich mit der älteren konkurrieren, wenn sich herausstellen sollte, dass sich die »Rationalität« der Erkenntnisgewinnung so gewandelt hat, dass ein konkurrierender Vergleich gar nicht mehr möglich ist? In diesem Fall könnte die ältere Literatur nämlich Erkenntnisse in sich bergen, die in gewisser Hinsicht durch keine neueren geschichtlichen Darstellungen überholt werden können. Ihre Nichtbeachtung durch die neuere Forschung wäre dann sachlich unbegründet und müsste eigentlich revidiert werden. Dies wirft die Frage nach der Logik des geschichtswissenschaftlichen Erkenntnisfortschritts auf.

Dieser wurde seit dem ausgehenden 18. Jahrhundert nach dem Vorbild der Naturwissenschaften auch für die Geisteswissenschaften gewöhnlich als allmählicher Fortschritt auf dem Weg zu einer endgültigen Wahrheit entworfen:[26] Mochten sich, so glaubte man, die Zeitgenossen auch noch über das wahre Bild der Geschichte irren, so würde dies Bild doch eines Tages zutage treten. Alle aktuelle historische Erkenntnis wurde dem entsprechend als Verbesserung des bisherigen Kenntnisstands begriffen. Wie aber veränderten sich Geschichtsbilder in den letzten zweihundert Jahren, seitdem es eine moderne Geschichtswissenschaft gibt, tatsächlich?

Die historische Erfahrung zeigt, dass die Form des wissenschaftlichen Fortschritts, die *Verbesserung* unserer Kenntnisse über die Vergangenheit, zwar durchaus immer noch begegnet: Denken wir nur z. B. an die Bedeutung der Entdeckung der Tagebücher von Bethmann-Hollwegs Privatsekretär Kurt Riezler für die Interpretation des Ausbruchs des Ersten Weltkriegs oder der geheimen

Teile des Hitler-Stalin-Pakts für diejenige des Zweiten Weltkriegs. Doch daneben finden sich auch andere Formen des historiographischen Wandels, die sich nicht einfach als Erkenntnisfortschritt interpretieren lassen: etwa die *Vermehrung* unserer historischen Kenntnisse teils durch die Erschließung neuer Forschungsfelder, teils durch die Einführung neuer Theorien und Hypothesen. Durch sie werden ältere Erkenntnisse nicht einfach als falsch und fehlerhaft verworfen, sondern eher innerhalb eines vergrößerten historischen Gesamtzusammenhangs neu gewichtet. Erinnert sei nur an die zahlreichen neuen Forschungsfelder, die in diesem Sinne in den letzten Jahrzehnten erschlossen wurden, von der Sozial- und Wirtschaftsgeschichte über die historische Anthropologie bis hin zu den zahlreichen Varianten einer neuen Kulturgeschichte.

Besonders symptomatisch für den historiographischen Wandel im 20. Jahrhundert scheint jedoch eine dritte Variante zu sein: nämlich die *Entwertung* bestehender Geschichtsbilder durch neue historische Erfahrungen. Es kann kein Zweifel daran bestehen, dass sich das Bild, das wir uns von vergangenen Ereignissen, Zuständen und Entwicklungen machen, mit einschneidenden historischen Erfahrungen radikal verändern kann. Beispiele hierfür liefert gerade die europäische Geschichte des 20. Jahrhunderts zuhauf. So hat sich etwa die Sympathie großer Teile der westeuropäischen Intelligenz, und damit auch ihrer wissenschaftlichen Publikationen, für den sowjetischen Kommunismus nach den Moskauer Schauprozessen der späten 30er Jahre und den Genoziden des folgenden Jahrzehnts erheblich abgeschwächt.

In Deutschland ist der Antisemitismus nach dem Völkermord an den Juden in den 40er Jahren einer wohlwollenderen Haltung, ja z. T. sogar einem kompensatorischen Philosemitismus gewichen. All dies hat sich auf die historische Beurteilung auch der früheren Verhältnisse ausgewirkt, unter denen bis in die 30er Jahre die Juden in Europa lebten, der Kommunismus in Osteuropa sich etablierte. Schließlich sind wir selbst noch Zeugen der großen historischen Wende von 1989, durch die sich unser Geschichtsbild von den sozialistischen Bewegungen seit dem 19. Jahrhundert erheblich gewandelt hat. Das Bild, das wir uns von vergangenen Ereignissen und Zuständen machen, kann sich also mit einschneidenden historischen Erfahrungen radikal verändern. Und die Geschichtsschreibung trägt diesem Erfahrungswandel häufig dadurch Rechnung, dass sie ihn jeweils auch mit neuen Begriffen, Methoden und Theorien erfasst.

Es fällt nun nicht schwer, die genannten drei Verfahren idealtypisch drei Epochen der europäischen Geschichtsschreibung zuzuordnen, der älteren politischen, der modernen Sozial- und der neuen Kulturgeschichte.

Seit die Geschichtswissenschaft im frühen 19. Jahrhundert den methodischen und theoretischen Horizont ihrer neuzeitlichen Forschungstechniken, markiert durch die Quellenkritik und das geschichtliche Wirklichkeitsverständnis, in seinen grundsätzlichen Umrissen abgesteckt hatte, arbeitete sie an dem Konzept einer *politischen Geschichte*, das auf stetige Vervollkommnung angelegt war. Mochten viele Historiker des 19. Jahrhunderts vielleicht auch noch die Zeiträume unterschätzen, in denen dieser Bau vollendet sein würde – manche Äußerungen Rankes etwa deuten darauf hin, dass er bestimmte Teile der europäischen Geschichte schon für weitgehend erforscht hielt – so erhielt sich der Glaube an ihre prinzipielle Vervollkommnungsfähigkeit doch über die gesamte Epoche hinweg, die wir als die Epoche des Historismus bezeichnen, d. h. in Deutschland bis über den Zweiten Weltkrieg hinweg.

Erst in einer zweiten Phase, die durch die Theorien und Methoden der modernen *Sozial- und Gesellschaftsgeschichte* bestimmt wurde, kam dieser Glaube allmählich ins Wanken. Zwar hielt sich auch in ihr zunächst noch – am längsten und nachhaltigsten vielleicht im französischen Konzept einer »histoire totale« – die Idee einer vollständigen positivistischen Erfassbarkeit der Vergangenheit, doch spätestens in den 1960er Jahren setzte sich die Auffassung durch, dass sich vergangene Gesellschaften niemals zur Gänze ausmessen lassen: und dies nicht nur, weil mit der Zeit immer neue Gegenwarten zur Vergangenheit hinzukommen, sondern mehr noch, weil sich mit den wechselnden Gegenwarten auch die Standpunkte verschieben, von denen aus die Vergangenheit in immer neuem Licht erscheint.[27] Die Geschichtsschreibung wurde durch diese Doktrin von der Gegenwartszentriertheit allen historischen Fragens und Rekonstruierens zu einem grundsätzlich unendlichen Unternehmen.

Doch auch die sozialgeschichtliche Forschung der 1960er bis 1980er Jahre hielt dabei noch an der Idee eines wissenschaftlichen Fortschritts fest. Sie beschrieb ihre eigene Geschichtskonzeption zwar gelegentlich nach dem Vorbild des wissenschaftstheoretischen Modells von Thomas S. Kuhn als »Paradigmenwechsel« vom historistischen Konzept der »Politik«, des »Staats« und des »Volkes« zum sozialgeschichtlichen Konzept der »Gesellschaft«.[28] Sie erhob dabei jedoch als »politische Sozialgeschichte« zugleich ganz im Sinne des Kuhn'schen Vorbilds den Anspruch, das Konzept der politischen Geschichte gewissermaßen in sich aufzunehmen und damit weiterhin zur Geltung kommen zu lassen.[29] Das Paradigma der »Gesellschaft« präsentierte sich so weniger als Alternative, sondern vielmehr als Erweiterung des älteren Konzepts der »Politik«. Die Sozialgeschichte strebte im Wesentlichen nach einer sachlichen Ausdehnung des Feldes historischer Untersuchungen und sah gerade darin auch den Anspruch des wissenschaftlichen Fortschritts verwirklicht.

Erst die *neue Kulturgeschichte* lässt diesen Anspruch mehr und mehr fallen, zur nicht geringen Verwirrung sowohl der neueren Gesellschafts- als auch der älteren politischen Historiker. Ihr geht es nicht mehr nur darum, den bisherigen historischen Kenntnisstand zu verbessern oder zu erweitern, ihr Ziel ist es weit mehr, die Vielfalt vergangener Perspektiven auf die gesellschaftliche Wirklichkeit aufzudecken und neue Perspektiven für die zukünftige Entwicklung der Gesellschaft freizulegen, welche bislang noch nicht bestanden oder jedenfalls nicht allgemein gesehen wurden.[30] So sind es häufig weniger die positiven Kenntnisse über die vergangenen Ereignisse selbst als vielmehr deren Beurteilung im Lichte unterschiedlicher Perspektiven und Erfahrungen, welche das Interesse der Kulturgeschichtsschreibung auf sich zieht. Und sie treibt dadurch, wie oben geschildert, den Zerfall der historischen Wirklichkeit in ein Konglomerat disparater Wirklichkeiten immer weiter voran, dessen Überwindung sich die klassische Geschichtswissenschaft gerade zur Aufgabe gestellt hatte.

2. Leistungen und Grenzen einer Theorie historischer Zeiten

Ereignisse, die dieselbe »Stelle« in der Lebenswelt einnehmen, werden, wie oben gezeigt, im historischen Bewusstsein einander mithilfe zeitlicher Kategorien zugeordnet. Die kognitive Leistung temporaler Begriffe liegt für das historische Verstehen vor allem darin, dass sie das Vergangene dem Gegenwärtigen in einer Weise zuordnen, dass deren vormalige Realität aller erst denkbar wird. Damit eröffnet sich die Perspektive auf eine Theorie der Geschichte, welche in den historischen Zeitbegriffen das eigentliche Grundgerüst der Geschichtswissenschaft ansetzt und über sie die zerbrochene Einheit der Geschichte wieder herzustellen versucht. In den letzten Jahrzehnten hat vor allem Reinhart Koselleck in diesem Sinne immer wieder für die Entwicklung einer »Theorie historischer Zeiten« geworben.[31] Gegenstand einer solchen Theorie sind für ihn in erster Linie die fundamentalen semantischen Bausteine, die wir bei der Konstruktion historischer Zeitverhältnisse verwenden.

Die Sprache verfügt heute über ein ganzes Arsenal von Mitteln, um die temporale Ordnung vergangener Ereignisse herauszuarbeiten: Als Minimalvorgaben temporaler Verhältnisbestimmung dienen uns etwa die schon in der Flexion der Verben angelegten Begriffe des ›Vergangenen‹, ›Gegenwärtigen‹ und ›Zukünftigen‹, welche allerdings erst in der frühen Neuzeit aus der lateinischen in die deutsche und andere germanische wie romanische Grammatiken und Sprachstrukturen eingewandert sind.

Darüber hinaus stellen Ausdrücke wie ›während‹, ›bevor‹ und ›nachdem‹ temporale Beziehungen des Gleichzeitigen und Ungleichzeitigen, des Früheren und Späteren her. Doch handelt es sich schon dabei meist um mehr als eine rein zeitliche Zuordnung: Historiker erklären z. B. häufig mithilfe von Ausdrücken wie ›folglich‹, ›deshalb‹, ›weil‹ usw. spätere Ereignisse aus früheren – indem sie erzählen, wie es dazu kam –, vielfach aber auch umgekehrt frühere aus späteren, indem sie erzählen, was aus ihnen folgte, warum etwas besser nicht geschehen wäre u. a. m. Die Gleichzeitigkeit bzw. Sukzession von Tatbeständen bezeichnet im historischen Diskurs niemals allein deren zeitliche Aufeinanderfolge, sondern begründet zugleich einen inhaltlichen Zusammenhang zwischen ihnen.

Weiterhin stehen eine größere Anzahl abstrakter Zeitbegriffe wie ›Wandel‹ und ›Epoche‹, ›Dauer‹ und ›Augenblick‹ bereit, um den zeitlichen Zustand eines vergangenen Ereignisses auszudrücken. Von ihm lassen sich wiederum die komplexeren Zeitbegriffe unterscheiden, mit deren Hilfe wir die vergangenen Tatbestände über deren zeitliche Abfolge hinaus in historische Verlaufsmodelle einbringen: wenn ein Ereigniszusammenhang etwa als ›Fortschritt‹ oder ›Niedergang‹, als ›Entwicklung‹ oder ›Regression‹, als ›Revolution‹, ›Reform‹ oder ›Renaissance‹ oder als ›Reaktion‹ und ›Restitution‹ gedeutet wird; oder wenn er mit Begriffen wie ›Demokratisierung‹, ›Industrialisierung‹, ›Säkularisierung‹, ›Modernisierung‹ usw. als zielgerichteter historischer Prozess aufgefasst wird.[32] Ohne solche temporalen Relationsbestimmungen und Verlaufsmodelle wäre keine historische Wirklichkeit erfahr- bzw. beschreibbar, wären Erinnerungen und Erwartungen nicht als Bewusstseinsbezüge auf historisch Reales identifizierbar, sondern lediglich Projektionen des gegenwärtigen Bewusstseins, als die sie schon Augustin in seinen »Bekenntnissen« bezeichnet hat.[33]

Wie sehr den scheinbar rein formalen Zeitbegriffen meist schon eine inhaltliche Zuordnung der realen Tatbestände zugrunde liegt, zeigt sich schon sprachgeschichtlich daran, dass eine große Anzahl derselben im Deutschen auf Raummetaphern zurückgeht, die erst im Laufe der frühen Neuzeit als Übersetzung für lateinische Zeitbegriffe ihre neue temporale Bedeutung angenommen haben. Das gilt nicht nur für Begriffe wie ›Zeit*raum*‹ und ›Zeit*punkt*‹, ›Vergangenheit‹ (von »*gehen*«) und ›Zukunft‹ (von »*kommen*«), sondern auch für Bezeichnungen für konkrete zeitliche Abläufe wie ›Fort*schritt*‹ und ›Nieder*gang*‹, ›Revolution‹ (eigentlich »*zurückwenden*«) und ›*Entwicklung*‹. So zehren die meisten geschichtstheoretischen Zeitbegriffe in ihrer historiographischen Verwendung von Hintergrundsbedeutungen wie der, dass etwas »sich auswickelt« oder »fort schreitet«, »vergeht« oder »auf uns zukommt« – Bedeutungen, die sie metaphorisch in die Deutung des geschichtlichen Wandels einbringen.

Geschichten, das hat Reinhart Koselleck immer wieder betont, können nicht erzählt, Ereignisse und Strukturen nicht historisch erklärt werden ohne den Rückgriff auf solche temporalen Kategorien.[34] Als »Bedingungen möglicher Geschichten« stellen sie unabhängig von deren jeweilig spezifischer Verwendung durch bestimmte soziale Gruppen eine einheitliche geschichtliche Zeitstruktur bereit, auch wenn sie in ihrem konkreten Gebrauch immer umstritten sind. Für eine Geschichtstheorie, welche die

Differenz konkurrierender Geschichtsentwürfe beschreiben will, ohne eines von ihnen von vorn herein auszugrenzen, ist dies nicht wenig. Gäbe es nicht die relative Stabilität des kategorialen Apparats temporaler Grundmuster, so ließen sich verschiedene Geschichtsbilder historisch überhaupt nicht miteinander in Beziehung setzen. Erst die relative Konstanz temporaler Kategorien ermöglicht den historischen Abgleich inhaltlich differenter Geschichtsbilder.

Aber reicht dies aus? Lässt sich eine Theorie der Geschichte allein auf die Strukturierungsleistung historischer Zeitbegriffe gründen? Wohl kaum. Um eine prozesshaft beschleunigte Veränderung in der gesellschaftlichen Ordnung zu bezeichnen, stand z. B. schon seit dem ausgehenden 18. Jahrhundert der Begriff der »Revolution« bereit. Aber ob die Ereignisse von 1848, 1918, 1933 oder 1989 in Deutschland tatsächlich als »Revolution« bezeichnet werden, darüber ist so noch nichts auszumachen. Offenbar hängt die Bezeichnung von historischen Ereignissen mit historischen Zeitbegriffen noch von anderen, zusätzlichen Faktoren ab. Wie man sie bezeichnete, war nämlich unter den Zeitgenossen regelmäßig heftig umstritten.

Man denke nur an den Beginn der nationalsozialistischen Herrschaft: Die nationalsozialistische Geschichtsschreibung stellte sie in den großen Kontext eines weltgeschichtlichen Kampfes der Rassen, insbesondere der arischen mit der jüdischen Rasse. Die damals gegenwärtige Gründung des »Dritten Reichs« wurde von ihr als Beginn einer neuen, »tausendjährigen« Geschichtsepoche nach dem Ende der Ära des Christentums gefeiert.[35] Dagegen sprachen die Gegner der Nationalsozialisten mit jeweils unterschiedlicher geschichtsphilosophischer Ausrichtung bald von »Reaktion« und (illegitimer) »Machtergreifung«, bald zivilisationskritisch vom »Niedergang des Abendlandes«, bald in Anlehnung an Lenin vom Faschismus als »höchster« (und letzter) »Stufe des Kapitalismus« vor dem sozialistischen Umsturz.

Unterschiedliche Zukunftsentwürfe ließen 1933 nicht nur die Vergangenheit, sondern auch die Gegenwart in unterschiedlichem Licht erscheinen. Man arbeitete mit denselben temporalen Kategorien, besetzte sie aber unterschiedlich und schuf dadurch einen jeweils unterschiedlichen historischen Kosmos. Erst viel später, nach dem Krieg löste sich die Konkurrenz der geschichtlichen Weltbilder allmählich auf: Das nationalsozialistische Geschichtsbild war nun diskreditiert durch die falschen Erwartungen, die es erweckt hatte. Möglich geworden war dies durch die Niederlage der Nationalsozialisten im Zweiten Weltkrieg, die mit ihrer Herrschaft auch zugleich den Zukunftshorizont der Nationalsozialisten hatte obsolet werden lassen.

Die Probleme, die dadurch für diejenigen Zeitgenossen entstanden, die sich bis dahin auf dieses Weltbild verlassen hatten, brauchen hier nicht weiter verfolgt zu werden. Deutlich wird jedoch aus diesem Beispiel, dass eine Theorie historischer Zeiten für eine Geschichtstheorie, die sich zum Ziel setzt, unterschiedliche Geschichtsbilder und Geschichtskulturen miteinander zu vernetzen, nicht mehr als den formalen Rahmen bereitzustellen vermag. Um eine sie übergreifende Theorie der Geschichte zu gewinnen, muss zweierlei hinzukommen: zum einen die inhaltliche Besetzung der jeweiligen historischen Zeitmodelle, zum andern der historiographische Bezug auf reale historische Ereignisse, in denen sich die divergierenden Geschichtsbilder verdichten und verknoten und die dadurch als Bezugspunkte eines allen gemeinsamen geschichtlichen Kosmos dienen können.

3. Die vergangene Zukunft als historiographisches Erkenntnisobjekt

Die vergangene Zukunft als solche in den Blick zu nehmen, sie nicht immer schon ex post mit dem zu verrechnen, was dann tatsächlich geschah, fällt den Nachgeborenen in der Regel schwer. Meist erscheint sie ihnen geschlossener als den Zeitgenossen. Das lässt sich leicht an unserer eigenen lebensgeschichtlichen Erfahrung überprüfen: Noch im Frühjahr 1990 erschien z. B. vielen Bürgerrechtlern in der DDR und vielen linken Sozialdemokraten in der Bundesrepublik ein »dritter Weg« zwischen Kapitalismus und Sozialismus als eine mögliche – und durchaus erwünschte – Zukunftsperspektive. Schon kurz darauf verblasste diese Option jedoch zur bloßen Illusion. Ebenso schien im israelisch-palästinensischen Konflikt noch im Sommer 2000 ein Ausgleich zwischen den verfeindeten Völkern nicht nur möglich, sondern geradezu zum Greifen nah. Heute, zu Beginn des Jahres 2003, ist er dagegen in weite Ferne gerückt, wenn nicht überhaupt unmöglich geworden. Was einst eine realistische Zukunftserwartung war, erscheint später oft als schiere Unmöglichkeit – und umgekehrt.

Erinnerung, Erfahrung und Erwartung, so hat schon Maurice Halbwachs in den 1920er Jahren festgestellt,[36] werden primär durch den sozialen Kontext geprägt, in dem sie entstehen, nicht durch das, was man erinnert, erwartet und erfährt. Jede soziale Gruppe entwirft sich so ihre eigene Vergangenheit und Zukunft. Dieser an sich triviale Sachverhalt hat allerdings lange Zeit keine rechte Beachtung in der Geschichtswissenschaft gefunden und erst nach dem Zweiten Weltkrieg zu einer Revision des klassischen Geschichtsbegriffs geführt.

Wie zwischen Tradition und Rezeption, Überlieferung und Erbe, so ist in der älteren Geschichtstheorie auch zwischen der vergangenen Zukunft und der gegenwärtigen Vergangenheit nie scharf unterschieden worden. Die historiographische Rhetorik war seit dem 18. Jahrhundert vielmehr vollgesogen mit geschichtsphilosophischen und gesetzestheoretischen Begriffen und Floskeln, welche die Gegenwart als vergangene Zukunft ausgaben. Sie implementierten vergangenen Zeiten im Nachhinein eine scheinbar notwendige Zukunftsperspektive, von denen die Zeitgenossen oft nicht einmal eine Ahnung hatten. Das reichte von banalen Floskeln wie »es sollte aber anders kommen« bis zu theoretisch anspruchsvollen Konzepten wie dem der »Modernisierung« und »Säkularisierung«.

Historiker verstanden sich – und verstehen sich z. T. sogar noch immer – als »rückwärts gekehrte Propheten« (Friedrich Schlegel). Je nach ihrer eigenen historischen Deutung des Weltgeschehens erscheinen ihnen z. B. Cäsar oder Bismarck als weit blickende Politiker, während Hitler und Napoleon einzig deshalb ihrem altklugen Urteil verfallen, weil sie sich letztlich nicht durchzusetzen vermochten.

Die entscheidende begriffliche Neuerung zum geschichtstheoretischen Neuansatz lieferte um 1960 Reinhart Kosellecks Konzept der »vergangenen Zukunft«. Zeittheoretisch artikuliert der Begriff einen strukturellen Dauerkonflikt zwischen zwei Geschichtskonzeptionen, die sich bis auf Aristoteles' und Augustins' Zeitbegriffe zurückführen lassen:[37] Der objektiven Geschichtskonzeption zufolge gibt es nur *eine* historische Zeit, deshalb fällt die vergangene Zukunft notwendigerweise mit der gegenwärtigen Zukunft, Gegenwart und Vergangenheit (soweit sie in die Zeit nach der ins Auge gefassten vergangenen Gegenwart fällt) zusammen. Was einst erhofft, gewünscht, befürchtet wurde, lässt sich heute rückblickend auf seine Realisierung überprüfen. Der subjektiven Geschichtskonzeption zufolge hat die vergangene Zukunft dagegen nichts mit unserer eigenen Zukunft, Gegenwart und Vergangenheit zu tun. Denn ihr zufolge ist sie nichts anderes als eine zeitgenössische Erwartungshaltung, eine Mentalität, ein Bewusstseinszustand, der mit dem, was dann tatsächlich geschieht, nichts zu tun hat.[38]

Zwischen beiden Konzeptionen bewegt sich die Historische Zukunftsforschung:[39] Auch sie belässt den vergangenen Vorstellungen ihre historische Faktizität, lässt sie nicht in ihrer je gelungenen oder misslungenen Erfüllung aufgehen. Sie fragt neben der zeitgenössischen Gestalt und Funktion aber zugleich auch nach der historischen Einlösung vergangener Zukunftsvorstellungen, konfrontiert also den Entwurf mit den Anstrengungen zu seiner Realisierung, die Vorschau mit dem Rückblick. Was für einen Beitrag vermag eine solche Historische Zukunftsforschung nun zur Theorie einer neuen annalistischen Geschichtsbetrachtung zu leisten?

Zunächst antwortet sie auf eine Strukturbedingung neuzeitlicher Gesellschaften überhaupt. Die historischen Forschungen der letzten Jahrzehnte haben gezeigt, dass der Wandel moderner Gesellschaften zugleich zielgerichtet und schwer vorhersehbar verläuft. D. h. die industrielle

Revolution hat ein Potential von menschen-induzierten Veränderungen in der politischen, sozialen und ökonomischen Struktur moderner Gesellschaften in Gang gesetzt, das immer nur mit Blick auf zukünftige Errungenschaften gerechtfertigt werden konnte.[40] Dies ist der Grund, warum alle politikfähigen gesellschaftlichen Gruppen – von den Liberalen und Sozialisten bis zu den Konservativen und Faschisten – seit dem ausgehenden 18. Jahrhundert begonnen haben, Strukturen und Visionen einer zukünftigen Gesellschaft zu entwerfen.

Deren politischer Wert bemaß sich allerdings ausschließlich an der Fähigkeit zu ihrer zukünftigen Umsetzung. Blieb der erhoffte Erfolg aus, sei es weil sie sich nicht umsetzen ließen, sei es weil gerade ihre Umsetzung mit ungewünschten Begleiterscheinungen verbunden war, dann wurden diese Zukunftsentwürfe von den Nachgeborenen stets sofort wieder politisch radikal entwertet. Doch dies wird deren historischer Bedeutung nicht gerecht, sondern überantwortet sie nur einem politisch bedingten Vergessen, dem gerade entgegen zu wirken sich die Geschichtswissenschaft aufgerufen sieht.

Durch die Beschleunigung des gesellschaftlichen Wandels hat sich der Druck zur Produktion gesellschaftspolitischer Zukunftsvorstellungen im Laufe des 20. Jahrhunderts sogar noch weiter erhöht. Wo sie – wie zuletzt wieder seit Mitte der 1970er Jahre – erlahmt, sehen sich moderne Gesellschaften heute leicht politisch gefährdet. Denn ebenso wie das Wirtschaftssystem auf beständiges Wachstum, so war bislang auch das politische System demokratischer Gesellschaften stets auf die Produktion immer neuer Zukunftshorizonte angewiesen, um mit den strukturellen Lasten ihrer gegenwärtigen Verfassung fertig zu werden. Die moderne Gesellschaftsentwicklung wird also von einer Dynamik getrieben, welche deren (vermeintliche) Zukunft immer schon mit einschließt. Die vergangene Zukunft ist deshalb schlichtweg ein Aspekt gegenwärtiger und vergangener Gesellschaften, ohne den deren Verständnis um ihre wichtigste Dimension verkürzt wird.

Gehen wir ihr in der Vergangenheit nach, so gewinnen wir auch ein neues Verständnis für die Brüchigkeit der geschichtlichen Entwicklung Europas im 20. Jahrhundert: Gerade in Deutschland, aber nicht nur hier, musste die historische Erinnerung im vergangenen Jahrhundert lernen, mit gesellschaftlichen Brüchen umzugehen, die nicht allein das politisch-soziale System betrafen, sondern auch die ethischen und weltanschaulichen Orientierungen der Menschen. Denn die Kontinuität von Geschichtsbildern hängt immer an der Stabilität von Parametern, die dem jeweiligen Geschichtsbild seine Konsistenz verleihen – der Idee der Menschenrechte z. B. oder der Idee des Selbstbestimmungsrechts der Völker. Mit dem Umbruch geschichtlicher Orientierungssysteme drohte daher immer zugleich auch das herrschende Geschichtsbild insgesamt zusammen zu brechen.

Welche seelischen Belastungen damit einher gingen, beginnen wir erst langsam zu begreifen. Noch immer erscheinen z. B. die imperialistischen Zukunftshoffnungen der Generation der Wilhelminer, die »Männerphantasien« der deutschen Freikorps nach 1918, der jungen Nationalsozialisten nach 1933 für ein kritisches Geschichtsbewusstsein kaum nachvollziehbar. Kaum begreiflich erscheint, welche Zukunftsvorstellungen diesen »Idealisten« die Brutalität der von ihnen begangenen oder in Kauf genommenen Massenmorde als vertretbar erscheinen ließen, um welcher luftigen, bodenlosen Ideale willen sie die Zerstörungen ihrer Städte, ihrer ganzen Lebenswelt in Kauf nahmen?

Doch auch die von solchen Zerstörungen Betroffenen selbst kamen mit dem Wandel der Zeitläufte meist nur schwer zurecht. Die Katastrophen des 20. Jahrhunderts haben bei ihnen massenhaft zu seelischen, physischen und kognitiven Erschütterungen geführt, die auch die ethischen Normen, die ästhetischen Ideale und die langfristigen Vergangenheits- und Zukunftsentwürfe der Menschen erfassten. So geschah es schon nach dem Ersten, aber mehr noch nach dem Zweiten Weltkrieg, dass sich Überlebende der grausamen Zusammenbrüche ganzer Gesellschaften nicht mehr in der Welt zurecht fanden, in der sie vormals gelebt hatten. Sie hatten nicht nur ihre Heimat, ihre Gesundheit, ihr Hab und Gut und anderes mehr verloren, sondern in all dem auch noch ihr Weltbild, mithin das, was man in früheren Zeiten als Religion bezeichnet und meist über solche Katastrophen hinweg gerettet hatte. Erinnernd erkannten sie sich in der Vergangenheit nicht mehr wieder, der Zukunft zugewandt schauderten sie vor der Vergänglichkeit sicher geglaubter Normen und Perspektiven zurück. Und dies gilt nicht nur für die Zeitgenossen solcher geschichtlichen Umbrüche, sondern auch für deren Nachkommen. Denn auch sie können ihre Vorfahren nicht mehr verstehen und müssen mit Sorge daran denken, dass auch ihre eigenen Weltbilder einst in den Sog historischer Umbrüche hinein gezogen werden könnten, in denen sie auf kein Verständnis mehr bei ihren eigenen Kindern und Enkeln rechnen dürfen.

Um dieser anhaltenden Vernichtung vergangener Zukunftsperspektiven zu entgehen, ist es für die Geschichtswissenschaft notwendig, einen Blick für die Vergangenheit als Gegenwart zu gewinnen. Was daher im Rahmen einer Historischen Zukunftsforschung geleistet werden muss, ist ein kalkuliertes Absehen von dem, was später tatsächlich geschah, ohne dabei die Standortgebundenheit jeden historischen Urteils zu leugnen bzw. zu verlieren. Nötig ist eine Ausmessung der Offenheit vergangener Zukunftshorizonte, mithin die Einsicht, dass das, was dann geschah, nicht notwendig geschehen musste und deshalb auch nicht eindeutig vorhersehbar war, sondern bestenfalls nur eine von mehreren Möglichkeiten darstellte; eine Perspektive auf die vergangene Zukunft als Zukunft bzw. als Möglichkeit, statt als Illusion bzw. Antizipation des tatsächlich Eingetretenen.

4. Der historische Orientierungsbedarf

Vergangene Zukunftsvorstellungen bezeugen in ihrer Vielfalt allerdings nicht nur die Offenheit der Zukunft, welche sich auch durch noch so genaue Planungen und Prognosen niemals schließen lässt, sondern sie befriedigen dabei zugleich auch einen notwendigen Orientierungsbedarf in einer Welt, in der vieles möglich ist, aber nur manches realisiert wird.

Auf die Frage, was Geschichtsbilder und historische Erfahrungen für unsere eigene Orientierung in der Gegenwart und Zukunft leisten, gab es früher zwei geläufige Antworten.[41] Die eine, bis ins 18. Jahrhundert übliche Antwort lässt sich in der Maxime »historia magistra vitae« zusammenfassen: Wir sollen und können aus der Geschichte lernen, weil sich die grundsätzlichen Erfahrungen der Menschen immer wieder aufs neue wiederholen, d. h. sich typologisch gleich bleiben. Die andere läuft auf die gegenteilige Maxime hinaus und bestimmt zu großen Teilen das moderne historistische Geschichtsverständnis: Da sich die historischen Zustände und Handlungskonstellationen immer wieder verändern, jede historische Situation daher letztlich einzigartig ist, lässt sich aus der Vergangenheit unmittelbar eben gerade nichts lernen. Nicht klug für den Einzelfall, so folgerte Jacob Burckhardt, dafür aber weise für immer könne der Mensch durch historische Bildung werden. Beide Antworten können heute offenbar nicht mehr befriedigen.

Schließlich gewann im 20. Jahrhundert aber auch noch eine dritte Ansicht vor allem unter Sozialhistorikern weite Verbreitung: Ihr zufolge lassen sich aus der Vergangenheit Prognosen für die Zukunft ableiten, die sich teils auf allgemeine Gesetzmäßigkeiten, teils auf Tendenzen der gesellschaftlichen Entwicklung gründen. Auch diese Art der Nutzbarmachung der Vergangenheit für die Zukunft hat zwar heute an Ansehen verloren – nicht zuletzt deshalb, weil sich zahlreiche sozialhistorische Prognosen der vergangenen Jahrzehnte nicht erfüllt haben, etwa Prognosen zur Modernisierung sogenannter »unterentwickelter« Länder oder zum Rückgang nationalstaatlicher und nationalistischer Bewegungen in der modernen Industriegesellschaft. Doch bestimmen Prognosen auch heute in weitem Ausmaß die veranschlagten Spielräume zukunftsgerichteten Handelns.

Wie gering man deshalb auch die Chancen ansetzt, aus der Vergangenheit tatsächlich etwas Verlässliches für die Gegenwart und Zukunft zu lernen, in jedem Fall gilt, dass mit Geschichtsbildern nicht nur vergangene Ereigniszusammenhänge rekonstruiert, sondern zugleich auch immer das gegenwärtige und zukünftige Handlungsfeld strukturiert wird. So strukturiert etwa in Deutschland seit dem Zweiten Weltkrieg das offizielle Geschichtsbild vom Dritten Reich in vielfacher Weise die Wahrnehmung gegenwärtiger gesellschaftlicher Erscheinungen – etwa von rechtsradikalen Ausschreitungen – und zukünftiger, sich daraus ergebender Aufgaben unter der Maßgabe, dass sich ähnliche Verhältnisse wie damals nicht noch einmal etablieren dürfen. Geschichtsbilder, so lässt sich verallgemeinernd sagen, lenken unsere politische und soziale Wahrnehmung, subsumieren gegenwärtige Erlebnisse unter »historische Erfahrungen« und werden so letztlich selbst zu politischen Faktoren des zukünftigen Geschehens.

Dies gilt auch dann, wenn man einräumt, dass die Kontingenz möglicher Ereignisse, von Zufällen, welche unsere Prognosen durchkreuzen, in politisch-sozialen Prozessen immer so groß ist, dass unsere Prognosen keine hinreichende Verlässlichkeit erreichen können. Denn um die Fehlerquote ihrer Voraussagen zu reduzieren, rechnen politische Beobachter und selbst politische Entscheidungsträger, die maßgeblichen Einfluss auf historische Prozesse ausüben, häufig mit einer Mehrzahl möglicher Entwicklungen. Und tritt ein neues Ereignis ein oder fassen sie selbst einen Beschluss, der zu einem solchen neuen Ereignis führen soll, so überlegen sie, welche der ins Auge gefassten Zukunftsperspektiven dadurch eher gestärkt und welche geschwächt wird. All dies vergrößert nicht die Sicherheit ihrer Voraussagen. Aber es strukturiert den politischen Erwartungshorizont und befähigt sie dadurch, in dem, was jeweils eintritt, etwas schon Bekanntes, für möglich Gehaltenes wiederzuerkennen.[42]

Man kann sich dies am besten an einem heute gerade aktuellen politischen Konflikt, etwa dem zwischen Israelis und Palästinensern, vergegenwärtigen. Zum Zwecke der Veranschaulichung sollen dabei vier »Lösungen« als denkbar erscheinen: a) Die Araber werden vollständig aus Israel vertrieben, es konsolidiert sich ein rein jüdisches Staatswesen; b) Die Araber leben zwar in Israel, bleiben jedoch Bürger minderen Rechts und ohne nennenswerte Gestaltungsmöglichkeiten auf die politisch-soziale Entwicklung des Landes; c) Israelis und Palästinenser leben als gleichberechtigte Bürger in einem ethnisch inhomogenen Gemeinwesen; d) Israel wird von seinen arabischen Gegnern erheblich geschwächt und verliert seine Kraft, sich gegenüber der arabischen Umwelt zu behaupten, oder die Juden werden gar aus Palästina wieder gänzlich vertrieben.

Unbeschadet der unterschiedlichen Wahrscheinlichkeit, mit der man in den letzten Jahrzehnten jede dieser vier Möglichkeiten bedacht hat, geben sie unterschiedliche Erwartungen zukünftiger Ereignisse frei: Möglichkeit (a) etwa die Fortsetzung arabischer Attentate und anderer bürgerkriegsähnlicher Konfliktformen, die im Endeffekt zum Ausschluss der Araber aus Israel aus »Sicherheitsgründen« führen; Möglichkeit (b) die partielle Eingliederung palästinensischer Arbeitskräfte in die israelische Wirtschaft ohne Partizipation an den politischen Bürgerrechten; Möglichkeit (c) neue Vereinbarungen zwischen den »Tauben« beider Seiten, die zur gesellschaftlichen und politischen Integration der beiden Völker führen; Möglichkeit (d) schließlich einen großen Vernichtungsangriff arabischer Staaten auf Israel.

Sobald eines dieser Ereignisse nun tatsächlich eintritt, wird damit zugleich auch der Zukunftsentwurf bestätigt, auf dessen »Linie« das Ereignis liegt. Geschichtliche Ereignisse erscheinen so gewissermaßen als Testfall unter divergierenden Zukunftsentwürfen – damit zugleich aber auch als Test für die Wahrheit unterschiedlicher vergangenheitsorientierter Geschichtsdarstellungen, aus denen sich diese Zukunftsentwürfe ableiten lassen. Indirekt beeinflussen bestehende Geschichtsbilder also auch den zukünftigen Gang der Ereignisse, weil sie bestimmte Handlungsperspektiven freigeben, die wir aus ihnen ableiten. Das Bedürfnis nach kognitiver Konsistenz unseres geschichtlichen Weltbilds wird uns dabei gewöhnlich so lange wie möglich an einer einmal eingenommenen Vergangenheits- und Zukunftsperspektive festhalten lassen und uns dazu motivieren, alle neuen Erlebnisse in sie einzuordnen.

IV. Die annalistische Geschichtsbetrachtung

1. Geschichte und Ereignis

Der entscheidende Vorzug der historischen Erzählung gegenüber der Chronik liegt, folgt man der Argumentation der narrativen Geschichtstheorie, in der weiten Entfaltung ihrer plot-Struktur.[43] Das einer historischen Erzählung zugrunde liegende plot setzt sich ihr zufolge aus mindestens drei Elementen zusammen: einer Ausgangskonstellation, welche die Bedingungen des Fortgangs der Erzählung festlegt, einer Endkonstellation, die in signifikanter Weise von der Ausgangskonstellation abweicht und das Ergebnis der Erzählung enthält, und einem Mittelteil, der Peripetie, in der die Ausgangs- in die Endkonstellation überführt wird. Jedes Ereignis innerhalb einer Geschichte ist so in einen diskursiven Gesamtzusammenhang eingebunden, der ihm seine narrative Bedeutung zuweist. Anders ausgedrückt: Die geschichtliche Bedeutung eines Ereignisses besteht in der Erzählung, wie es zu ihm gekommen ist und was aus ihm folgte.

Zweifellos befriedigt die historische Erzählung damit eine spezifisch historische Neugierde und kann somit als historische Erklärung des betreffenden Ereignisses gelten. Wirklich befriedigend ist eine solche Erklärung allerdings nur für fiktive, d. h. solche Ereignisse, die nichts anderes als Elemente einer Erzählung sind. Handelt es sich hingegen zugleich um reale Ereignisse, auf die die historische

Erzählung also nur als auf Elemente einer außerliterarischen Welt verweist, so erheben sich gegen eine solche Vorstellung von der Bedeutungsdefinition historischer Ereignisse Bedenken und Zweifel:

Zunächst muss nämlich jedes real vergangene Ereignis – anders als fiktive Ereignisse – als Element nicht nur einer, sondern vieler, letztlich sogar potentiell unendlich vieler Geschichten verstanden werden. Dabei ist es unerheblich, ob wir »die Geschichte« als historische Erzählung (fiction) oder als Zusammenhang realer Ereignisse (facts) begreifen. Denn in beiden Fällen besteht das Ereignis nicht nur als Element einer bestimmten Geschichte, sondern es lassen sich von ihm eine Vielzahl von Geschichten erzählen bzw. Zusammenhänge denken, in denen es ein mögliches Element bildet. Steht ein Ereignis jedoch im Kreuzungspunkt potentiell unendlich vieler Geschichten, so erweist sich auch seine historische Bedeutung als vieldeutig, ja letztlich als unerschöpflich.

Der moderne Geschichtsbegriff setzt nun allerdings voraus, dass alle historischen Erzählungen bzw. Ereigniszusammenhänge letztlich doch nur Teile eines allumfassenden Zusammenhangs, nämlich »der« Geschichte überhaupt sind.[44] Dies ist eine metaphysische Hypothese, die das Problem der unerschöpflichen Vieldeutigkeit von Ereignissen vordergründig zu lösen scheint, in Wahrheit jedoch nicht löst. Denn auch so gesehen ist die historische Bedeutung, die wir einem Ereignis beimessen, immer nur vorläufig wahr, die wahre Bedeutung hingegen erst am Ende aller Zeiten voll zu erkennen. Vor diesem Zeitpunkt können wir nämlich immer nur die zurückliegenden Teile der Geschichte überschauen, so dass uns die Bedeutungen, die einem (heute) vergangenen Ereignis künftig aus dem

Rückblick einmal zuwachsen werden, notwendigerweise verborgen bleiben müssen.[45]

Real vergangene Ereignisse entziehen sich also jeglicher beständigen historischen Bedeutungsdefinition. Was wir ihnen jeweils als historische Bedeutung zuschreiben, ist nichts anderes als der Stellenwert, den wir ihnen entweder im Kontext gegenwärtiger Bedürfnisse und Interessen oder, sofern wir über den gegenwärtigen Augenblick hinausschauen, dann in einer zeitlich offenen Vielzahl von Geschichten zuweisen.

Das Eigentümliche des annalistischen Geschichtsbegriffs liegt nun darin, dass den historischen Ereignissen aus der Summe dieser Geschichten im Laufe der Zeit eine Bedeutungsfülle zuwächst, die dazu führt, dass sich das Verhältnis von Geschichte und Ereignis umkehrt: Schien das Ereignis zunächst nur als Element einer, dann vieler Geschichten historisch definierbar, so erscheint es jetzt als das über allen Wechsel der historischen Deutungen hinweg Bleibende. Das ist die Paradoxie aller Revisionen bestehender Geschichtsbilder: Mögen sich die Geschichten, die wir erzählen, auch noch so wandeln, so bestätigen sie dadurch doch immer gerade die Existenz der vergangenen Ereignisse, auf die sie sich gemeinsam beziehen.

2. Das historische Ereignis als energetische Leerhülse

Das historische Ereignis zeigt sich bislang als seltsamer Zwitter zwischen Realität und Fiktion: Einerseits kann ihm ohne Einbettung in historische Zusammenhänge gar keine historische Bedeutung zugeschrieben werden.[46] Und da diese Zusammenhänge vom Erzähler notwendigerweise immer erst hergestellt, konstruiert werden müssen, stellen sich historische Ereignisse nach dieser Seite immer als fiktionale Ereignisse dar. Andererseits bilden sie aber stets den Bezugspunkt vieler, z. T. voneinander ganz verschiedener Geschichten. Als das Identische in der Vielheit, das Beständige im Wandel der Geschichten erweisen sich historische Ereignisse deshalb zugleich auch als unabhängig von ihnen, als Teile einer absoluten, über alle Zusammenhänge, die wir zwischen ihnen herstellen, hinausweisenden Wirklichkeit.

Der problematische Charakter des historischen Ereignisses lässt sich wohl am besten im Augenblick des unmittelbaren Erlebens fassen: Wir erleben etwas als historisch bedeutsam, indem wir es spontan in mögliche geschichtliche Horizonte stellen, die sich noch gar nicht als reale geschichtliche Zusammenhänge herausgestellt haben. Das historische Ereignis ist daher im Augenblick seines Geschehens nichts anderes als das Produkt einer bestimmten – oft vieldimensionalen und in sich widersprüchlichen – Erwartungshaltung.[47]

Die Zuschreibung historischer Bedeutung beruht in diesem frühen Stadium seiner Entstehung auf einem Vorgriff auf eine mögliche Zukunft, die sich in der Folge erfüllen kann, aber nicht muss. Erfüllt sie sich, so stabilisiert sich die zugeschriebene Bedeutung, wir sprechen dann von einer gemachten historischen Erfahrung. Erfüllt sie sich dagegen nicht – und dies ist wohl der häufigere Fall – so gerät das betreffende Ereignis leicht in Vergessenheit: Neue Erfahrungen verdrängen alte Erwartungen und setzen neue Erwartungen frei, die sich bei künftiger Gelegenheit wiederum entweder erfüllen oder durch wiederum neue Erfahrungen widerlegt werden.[48]

Halten wir bei diesem Übergang von Erwartungen in Erfahrungen noch einen Moment inne: Zunächst ist festzuhalten, dass sich offenbar schon im Augenblick des Erlebens selbst dasjenige ursprünglich bildet, was wir als die historische Bedeutung eines Ereignisses bezeichnen. Das scheint zwar auf den ersten Blick der gängigen Ansicht zu widersprechen, dass sich die historische Bedeutung eines Ereignisses immer erst im Laufe der Zeit herausstellt, dann nämlich wenn sich seine Folgen abzeichnen.[49] Empirisch gesehen handelt es sich dabei jedoch meist um sekundäre Überhöhungen einer historischen Erfahrung, die primär schon die Zeitgenossen selbst gemacht haben.

Wohl kommt es auch vor, dass einem Ereignis eine historische Bedeutung erst später, lange nachdem es sich zugetragen hat, zugeschrieben wird. Man denke dabei nur z. B. an technische Erfindungen wie die der Pendeluhr um 1300, deren genaues Datum, Ort und Autor wir nicht einmal kennen.[50] Doch dies sind Ausnahmen, in den allermeisten Fällen sind historische Ereignisse schon von den Zeitgenossen, die ihre langfristige Bedeutung noch gar nicht erkennen konnten, zu »historischen Ereignissen« erhoben worden. Es gibt nur sehr wenige Ereignisse, die erst nachträglich zu historischen Ereignissen erklärt wurden, dagegen viele, deren historische Bedeutung im Laufe der Zeit häufig wechselte.

Allerdings gilt diese Beobachtung nicht für alle als bedeutsam erwarteten Ereignisse. Manche Ereignisse versprechen, bevor sie eintreten, zunächst historisch bedeutsam zu werden, sind es dann aber nicht. Der Rücktritt Erich Honeckers vom Amt des Partei- und Staatsratsvorsitzenden der DDR z. B. wurde bis zum Sommer 1989, der Tradition kommunistischer Machtwechsel folgend, als möglicher Zeitpunkt eines bedeutsamen politischen Richtungswechsels erwartet. Als er dann Ende Oktober dieses Jahres tatsächlich erfolgte, handelte es sich allerdings nur noch um eine Episode innerhalb des Auflösungsprozesses der DDR. Mit ihm wiederum hatte zu diesem Zeitpunkt vorher kaum jemand gerechnet und ganz andere Ereignisse stellten sich für ihn als wesentlich wichtiger heraus: etwa die Leipziger Demonstrationen vom 7. bis 9. Oktober oder die Öffnung der Mauer am 9. November 1989.

Umgekehrt sind viele bedeutsame Ereignisse, mit denen die Zeitgenossen fest rechneten, niemals eingetreten: etwa der Ausbruch einer sozialistischen Revolution in Deutschland in den 1880er Jahren oder das Ende des Ersten Weltkriegs im Winter 1914/15. Aber haben nicht gerade solche falschen Erwartungen den Gang der Geschichte fast ebenso nachhaltig beeinflusst wie wirklich eingetretene Ereignisse? Das Bedeutsame an historischen Ereignissen liegt also zunächst in aller Regel nicht im erfahrenen Geschehen selbst, sondern in seiner subjektiven Ergänzung durch Erwartungen, die sich erst noch erfüllen müssen.

Nun kann es freilich niemand sonderlich überraschen, dass ein Ereignis später als historisch bedeutsam gilt, welches schon die Zeitgenossen als historisch bedeutsames Ereignis erwartet haben. Seltsamerweise gelten im Nachhinein aber oft gerade auch solche Ereignisse als historisch bedeutsam, die ursprünglich nicht in dem Sinne als bedeutsam erwartet wurden, in dem sie später erinnert werden, d. h. Ereignisse, die vor, bei oder nach ihrem Eintreten eine bestehende Erwartung durchbrechen.

Daraus muss man folgern, dass vermutlich für die Zuschreibung einer historischen Bedeutung entscheidend nicht erst die Bestätigung einer vorausgegangenen Erwartung durch das eintretende Ereignis ist, sondern schon die Aufladung eines Ereignisses mit Erwartungsstrukturen, d. h. bestimmten mehr oder weniger labilen, oft wechselnden und gelegentlich sogar parallelen Erwartungsperspektiven – und zwar unabhängig davon, ob diese sich in der Folge dann erfüllen oder nicht. Wie oben gezeigt, werden bestimmte Ereignisse von den Zeitgenossen als Testfall für ihr historisches – d. h. in der Vergangenheit fundiertes, aber zukunftsgerichtetes – Erwartungsspektrum begriffen, und auch, wenn dieser Test negativ ausfällt, halten sie an der historischen Bedeutsamkeit des Ereignisses als solchem fest, indem sie nach neuen Erklärungen für dasselbe suchen. Man kann sich dies an vielen historischen Ereignissen veranschaulichen, etwa an der Ernennung Hitlers zum Reichskanzler am 30. Januar 1933, von der sich die rechten Parteien offenbar ursprünglich Hitlers Einbindung in eine Regierungsverantwortung und damit eine Beruhigung der politischen Lage in Deutschland versprachen, die sich dann aber als fataler erster Schritt zur Diktatur erwies.

Haben sich historische Ereignisse allerdings erst einmal im Gedächtnis einer Gesellschaft – sei es aufgrund ihrer Umstrittenheit, sei es aufgrund der genannten energetischen Übertragung – festgesetzt, so kommt in der Regel keine spätere Geschichtsdeutung, die sich auf das Ganze einer geschichtlichen Epoche richtet, mehr umhin, sie historisch plausibel zu interpretieren. Die Ermordung Caesars 44 v. Chr., Kolumbus' Entdeckung Amerikas im Jahr 1492, der Ausbruch der Französischen Revolution 1789 sind solche historischen Ereignisse. Sie bilden zugleich wesentliche »sachgeschichtliche« Etappen der

Weltgeschichte und wesentliche wissensgeschichtliche Etappen des historiographischen Perspektivenwechsels. Ohne solche Fixpunkte könnte die Geschichte keinen durchgehenden empirischen Zusammenhang bilden.

Epochenschwellen weisen geschichtstheoretisch ein Janusgesicht auf: Zur Vergangenheit hin fließen oft Erwartungen der Zeitgenossen in sie ein, die sich dann offenbar nicht erfüllt haben; zur Zukunft hin geben sie dagegen neue Perspektiven frei, die das gesamte Geschichtsbild verändern. So ist 1989 die im Osten wie im Westen weit verbreitete bisherige Zukunftsperspektive einer langfristigen Koexistenz zweier deutscher Staaten zerbrochen, zugleich entstand aber die neue Zukunftsperspektive eines geeinten Deutschland in einem geeinten Europa. Ebenso zerbrach am Ende des Ersten Weltkriegs gleich ein ganzes Bündel deutscher Zukunftserwartungen, die vom deutschen Endsieg auf konservativer bis zur sozialistischen Revolution auf sozialdemokratischer Seite reichten. An ihre Stelle traten auch hier mehrere neue Zukunftsvorstellungen, neben der sozialliberalen Republik z. B. auch diejenige eines kommenden tausendjährigen Reiches.

Halten wir daher fest: Historische Bedeutung gewinnt ein Ereignis im Spannungsfeld zwischen den Erwartungen und Erfahrungen der Zeitgenossen, und zwar genau an jenem Punkt, an dem die geschichtliche Erwartung in geschichtliche Erfahrung umschlägt. Im Übergang vom vorher erwarteten Erfüllungs- zum nachträglich registrierten Erfahrungsereignis erweisen sich historische Ereignisse so gewissermaßen als energetische Leerhülsen. Das heißt, sie verlieren bald nach ihrem Eintreten ihre konkret erwartete zugunsten einer neu erfahrenen historischen Bedeutung. Doch die Energie der öffentlichen Aufmerksamkeit, die sie einmal gewonnen haben, geht bei diesem Bedeutungswandel gewöhnlich nicht verloren, sondern überträgt sich von der alten auf die neue Bedeutung. Für einen logischen Moment tritt das Ereignis gewissermaßen aus den Zusammenhängen heraus, in die es sonst stets eingebettet ist, und wird zum absoluten Bezugspunkt aller mit ihm verbundenen Geschichten.

Innerhalb der Geschichte als Gesamtzusammenhang des vergangenen Geschehens fällt historischen Ereignissen somit eine konstitutive Bedeutung zu: Zum einen verknüpfen sie, als Bezugspunkte unterschiedlicher Geschichtsbilder, unterschiedlicher Erfahrungen und Erwartungen, die disparaten Wirklichkeiten verschiedener sozialer Gruppen miteinander. Sie wirken dabei gewissermaßen als Scharniere zwischen unterschiedlichen Geschichtsbildern. Für die Sicherheit des geschichtlichen Bewusstseins, an einer gemeinsamen Geschichte zu partizipieren, ist ein solcher gemeinsamer Grundbestand an geschichtlichen Ereignissen gerade in Zeiten eines starken Wandels der Geschichtsbilder ungemein wichtig.

Zum andern eröffnen sie der Entwicklung jedoch auch, indem sie bestehende Erwartungen über den Gang der Dinge enttäuschen, neue Wege und treiben sie so voran. Dieser Fortschritt entspringt nicht einem vorgefassten metaphysischen Begriff von Geschichte, sondern der Arbeit der Menschen selbst: Was die Geschichte Schritt für Schritt vorantreibt, ist deshalb kein geheimer Lenkungsplan Gottes oder der Natur, sondern es sind die Zusammenhänge, welche die Menschen zwischen ihrem vergangenen und zukünftigen Tun herstellen. Was auch wir daher Geschichte nennen müssen, ist kein metaphysisch vorausgesetzter Gesamtzusammenhang aller Ereignisse in der Welt, sondern der Prozess des historischen Urteilens und Richtens, den die Menschen vollziehen, indem sie Geschichten über ihre eigene Vergangenheit und die zu erwartende Zukunft entwerfen.

Schließlich entziehen sich historische Ereignisse aber, so erklärungsbedürftig sie auch immer sein mögen, jeder erschöpfenden geschichtlichen Erklärung. Weniger noch als die künftigen Ereignisse sind nämlich die Erfahrungen und Erwartungen absehbar, die sich später einmal an sie knüpfen werden. So gesehen erscheinen die Ereignisse auch in einem transzendentalen, auf ihren historischen Zusammenhang in der historischen Wirklichkeit zielenden Sinne als historisch zufällig, d. h. letztlich unableitbar aus den Umständen, die zu ihnen hinführen.[51] Die transzendentale Zufälligkeit historischer Ereignisse setzt deshalb auch allen diskursanalytischen Bemühungen, die Geschichte (wie jedwede Wirklichkeit überhaupt) als ein Konstrukt derjenigen zu entlarven, die sie erforschen oder beschreiben, eine letzte Grenze.

3. Vom Wandel der Ereignisse zum Wandel der Geschichtsbilder

Auf dem Hintergrund dieser Überlegungen lässt sich nun ein einfaches Model des geschichtlichen Wandels entwerfen, das den unterschiedlichen Bedeutungen, die wir vergangenen Ereignissen im Laufe der Zeit zuschreiben, Rechnung trägt und dabei doch von einem absoluten Zusammenhang der Geschichte im ganzen ausgeht.

Gewöhnlich versteht man unter »historischem Wandel« die Veränderungen zwischen zwei zeitlich differierenden Zuständen desselben Objekts. So bezeichnete man z. B. als Wandel der Sozialstruktur die relative Abnahme der agrarischen und Zunahme der städtisch-industriellen Bevölkerung in vielen industrialisierten Ländern im Laufe der letzten zweihundert Jahre, als Wandel der Verfassungsstruktur die Einführung des demokratischen Wahlrechts usw. D. h. als historischen Wandel in den Blick genommen werden von einer solchen, sich als »sachbezogen« verstehenden Geschichtsbetrachtung in erster Linie nicht die Parameter der jeweiligen Gesellschaft (Sozialstruktur, Verfassungsstruktur), sondern deren innere Gewichte (z. B. das Verhältnis des primären zum sekundären und tertiären Sektor, das Verhältnis der demokratischen zu undemokratischen Verfassungselementen usw.).

Wenig Aufmerksamkeit zollt eine solche Geschichtsbetrachtung deshalb auch dem Wandel der historischen Deutungen und Geschichtsbilder selbst, welcher sich im Wandel der Deutungsparameter kund tut und häufig mit dem durch große historische Ereignisse ausgelösten Erfahrungswandel verbunden ist: Was heute z. B. als Wandel der Sozialstruktur erscheint, wurde noch im frühen 19. Jahrhundert unter Umständen als das Überhandnehmen eines Standes verhandelt, und was heute als Demokratisierung bezeichnet wird, wäre bis dahin, wenn überhaupt, als eine Gewichtsverlagerung von der aristokratischen und monarchischen zur demokratischen Verfassungsform bzw. deren Verfallsform, der Ochlokratie, diskutiert worden.

Der Wandel historischer Kategorien und Denkmuster gilt jeder sogenannten »Sachgeschichte« als bloß propädeutische Voraussetzung der Geschichtsschreibung, wenn nicht gar als auslagerbarer Gegenstand einer historischen

Teildisziplin, nämlich der Historiographie- oder Wissenschaftsgeschichte. Er wird nicht als integraler Bestandteil der Sachgeschichte wahrgenommen. Vielmehr scheint die »eigentliche« historische Darstellung immer erst zu beginnen, wenn solche theoretischen Vorfragen wie die der angemessenen historischen Beschreibungskategorien geklärt sind.

Ein solcher Begriff des »geschichtlichen Wandels« auf der Ebene der vergangenen Ereignisse unterstellt aber auf gewissermaßen »naive« Weise einen objektiven Zusammenhang innerhalb des vergangenen Geschehens selbst und stellt dabei nicht hinreichend den Wandel der gesellschaftlichen Beurteilungen und historiographischen Rekonstruktionen aller solcher Zusammenhänge in Rechnung. Geht man dagegen davon aus, dass sich historische Objekte, z. B. vergangene Ereignisse, zu verschiedenen Zeitpunkten unterschiedlich darstellen, so liegt der historische Wandel viel eher in der Veränderung, die zwischen zwei zeitlich differierenden Betrachtungsweisen solcher Objekte eingetreten ist.

Ein solcher historischer Wandel lag z. B. vor, als die staatliche Statistik im 19. Jahrhundert dazu überging, statt wie bisher die »Bürger« und Standespersonen eines Landes jetzt dessen »Einwohner« zu zählen; als die Nationalgeschichtsschreibung begann, statt nur ihre Staatsmänner, Heerführer und andere »große Männer« nun auch Völker, soziale Klassen und selbst abstrakte Ideen wie »die Freiheit« zu Trägern geschichtlicher Handlungen zu erheben; oder, um ein jüngeres Beispiel zu bemühen, als sich in der materialistischen Geschichtsschreibung politische Entscheidungen als Folgen ökonomischer Interessenlagen darstellten. Der historische Wandel liegt in all diesen Beispielen in erster Linie im Wandel der Perspektiven, Kategorien, Theorien und Bewertungen, mit denen die Zeitgenossen auf ihre gegenwärtige Welt schauten und sie zu deuten versuchten. Ihn an den gesamtgesellschaftlichen Wandel zurück zu binden und nach seinen auslösenden Ursachen zu fragen, ist ein Geschäft, von dem sich die Geschichtsschreibung nicht frei machen kann.

Dabei stellt sich allerdings ein erkenntnistheoretisches Problem: Die gleichzeitige Historisierung der erkenntnisleitenden Kategorien und der durch sie gewonnenen historischen Erkenntnisse scheint nämlich durchaus nicht möglich. Will man einen tatsächlichen historischen Wandel beschreiben, so braucht man stabile Parameter, anhand derer die historische Veränderung abzulesen ist. Jeder Versuch, diese Parameter im gleichen Zug auch noch selbst zu historisieren, scheint unausweichlich zur Relativierung der konstatierten historischen Veränderung selbst zu führen. Statt einer historischen Erkenntnis haben wir dann nur noch eine zeitbedingte bzw. nur für eine bestimmte soziale Gruppe relevante historische Wahrnehmung vor uns. Und als Historiker fiele uns bestenfalls noch die Rolle zu, gewissermaßen im zeitraffenden Nachvollzug eines schnell laufenden historischen Films einen Wandel zu registrieren, dessen Wesen und Richtung insgesamt wir nicht mehr überblicken können.

Dies beschreibt das Geschäft des Historikers aber nur unzureichend. Wir sehen uns nämlich nicht nur als Zeitreisende in der Geschichte, sondern zugleich auch in der Position des rückblickenden Zeitgenossen unserer eigenen Gegenwartsgesellschaft. Von der Gegenwart aus gesehen erscheint uns die Abfolge der Geschichtsbilder jedoch eher als eine Folge von Überblendungen aller vergangenen

Vergangenheitsentwürfe. Um die Geschichte sich wandelnder Wahrnehmungen der Vergangenheit zu erzählen, müssen wir die Geschichten, die zu verschiedenen Zeiten von einem Ereignis erzählt wurden, deshalb nicht nur in ihrer historischen Abfolge, sondern auch in ihrer Überlagerung betrachten.

Die Geschichten, die sich dabei über einander türmen, sind in gewisser Weise den Erdschichten vergleichbar, die sich im Laufe der Zeit über einer Fundstätte abgelagert haben: Die ganze Fülle der historischen Bedeutung eines vergangenen Ereignisses lässt sich nur dann ausschöpfen, wenn wir wie die Archäologen, die eine solche Fundstätte wieder freilegen wollen, einen Längsschnitt durch all diese Schichten hindurch bis auf das zugrunde liegende materielle Substrat hinab ziehen.[52] Im Medium seiner unterschiedlichen historischen Deutungszusammenhänge zeugt das historische Ereignis dann nicht nur von der Zeit, in der es sich ereignete, sondern zugleich auch von den vielen Zeiten, in denen es als solches je wieder neu erzählt wurde. Indem wir die Geschichte eines historischen Ereignisses erzählen, erzählt dieses also zugleich auch die Geschichte seiner historischen Deutungen.

In diesem Sinne könnte man z. B. feststellen, dass die rechtliche Emanzipation der deutschen Juden im 19. Jahrhundert von diesen selbst bis zum Ersten Weltkrieg vorwiegend als Beginn einer Geschichte der Befreiung und fortschreitenden Gleichstellung, seither jedoch zunehmend als Voraussetzung für eine Phase neuer Diskriminierungen innerhalb des lang anhaltenden, aber letztlich aussichtslosen Versuchs der Assimilation an die deutsche Gesellschaft erzählt worden ist. Es fällt heute nicht schwer, den Perspektiven- und Deutungswechsel einerseits mit den Erfahrungen der Verfolgung und Ausgrenzung, andererseits mit den neuen Hoffnungen auf eine neue nationale Identität, sei es in Palästina oder in Europa, in Zusammenhang zu bringen, die seit dem Ersten Weltkrieg zunehmende Verbreitung fanden.

Doch dies ist nur die eine Seite: Denn obwohl die jüngere Deutung historisch aus den »Fehlern« der älteren hervorgegangen ist, ist sie doch nicht »wahrer« als diese. Die Plausibilität einzelner historischer Deutungen hängt zwar für die Zeitgenossen stets an den Zukunftsaussichten, die sich in der jeweiligen Gegenwart mit ihnen verbinden. Doch ein langfristiger historischer Zusammenhang zwischen diesen wechselnden historischen Deutungen ergibt sich nur dann, wenn wir sie nicht im Verhältnis von Wahrheit und Irrtum, sondern als unterschiedliche Deutungen derselben historischen Ereignisse historisch auf einander beziehen.

Und in der Tat handelt es sich ja nicht einfach um unterschiedliche Geschichten, sondern um zwei Deutungen derselben Geschichte. Zwar wurden diese von ihren Erzählern z. T. auch durch jeweils andere Fakten unterfüttert und veranschaulicht. Gleichwohl kamen diese dabei nicht umhin, zumindest auch auf ein Minimum von gemeinsamen Fakten, etwa die unterschiedliche Form der Judenemanzipation in Frankreich und Preußen an der Wende vom 18. zum 19. Jahrhundert oder auf die weitgehende rechtliche Gleichstellung der Juden im Norddeutschen Bund seit 1867, Bezug zu nehmen, unbeschadet der Tatsache, dass diese Fakten natürlich jeweils unterschiedlich historisch gedeutet wurden.

Langfristig gesehen erweisen sich so alle geschichtlichen Ereignisse als mehrdeutig. Anders als die klassische

Geschichtstheorie behauptete, stellt sich der wahre Sinn historischer Ereignisse nicht im Laufe der Zeit immer klarer heraus, sondern die historischen Sinnbezüge, die ein historisches Ereignis gewonnen hat, überlagern sich in einem komplexen Geflecht von Widersprüchen und Anreicherungen. Erst die temporale Mehrschichtigkeit der Vergangenheit gibt diese Mehrdeutigkeit vergangener Ereignisse frei, die ihre Historizität ausmacht.

Wie lässt sich ein solcher komplexer geschichtstheoretischer Ansatz nun forschungspragmatisch einlösen? Angesichts der individuellen Autorenschaft geschichtlicher Darstellungen mag es wohl immer wieder schwer fallen, die Größe und soziale Zusammensetzung derjenigen sozialen Gruppe zu identifizieren, die sich ein bestimmtes Geschichtsbild zu eigen gemacht hat. Relativ gut wird dies in der Regel noch gelingen, wenn es sich um das offizielle Geschichtsbild einer Partei oder sozialen Bewegung handelt. In anderen Fällen jedoch können wir uns nur auf die Auflagenhöhe weit verbreiteter Werke, auf die Zitate bei Anhängern und Gegnern und ähnlich gelagerte Darstellungen Dritter stützen, die zusammen genommen einen ungefähren Eindruck vom sozialen Umfang und der Dauer eines Geschichtsbildes geben.

Unklar wie der soziale Umfang ist häufig auch die zeitliche Dauer vergangener Geschichtsbilder: Meist bestehen Geschichtsbilder auch dann noch fort, wenn sie nicht mehr öffentlich verkündet werden. Vielfach wird die Dominanz eines Geschichtsbildes erst dann gebrochen, wenn ein neues an seine Stelle tritt, doch können auch unterschiedliche Darstellungen gut längere Zeit neben einander Anerkennung finden. Dabei bleiben jedoch meist fundamentale Epochenschwellen wie im 20. Jahrhundert etwa die politisch-gesellschaftlichen Umbrüche von 1918, 1933, 1945 und 1989 in Deutschland grundsätzlich unumstritten.

4. Der geschichtliche Standpunkt des Historikers

Die so skizzierte Aufgabe des Historikers widerspricht weniger der gängigen historiographischen Praxis, vor allem sofern sich diese mit weiter zurückliegenden Zeiten beschäftigt, als vielmehr einer bis heute immer noch gängigen geschichtstheoretischen Auffassung und deren legitimatorischer Funktionalisierung in Teilen der zeitgeschichtlichen Forschung. In der von ihr fest gehaltenen klassischen Geschichtstheorie bezeichnete die Gegenwart, wie wir wissen, nämlich stets den einzig legitimen Standpunkt, von dem aus sich ein wahrhaftes Bild von der Vergangenheit gewinnen ließ.[53] Alle vergangenen Geschichtsentwürfe schienen durch den seither eingetretenen Gang der Geschichte überholt und daher grundsätzlich revisionsbedürftig. Vor allem von Zeithistorikern wie Treitschke und Sybel wurde die These von der Gegenwartsgebundenheit aller historischen Betrachtungsweise schon im 19. Jahrhundert vehement vertreten und auch in der »Krise des Historismus« vor und nach dem Ersten Weltkrieg weiterhin festgehalten – schien man doch nur auf diesem Wege einem ethisch wie erkenntnistheoretisch fragwürdigen Relativismus aller historischen Erkenntnisse entgehen zu können.

Um das Vorrecht des Gegenwartsstandpunkts vor dem der Zeitgenossen zu begründen, berief sich die klassische Geschichtstheorie jetzt, nach dem Zusammenbruch der klassischen Geschichtsphilosophie, allerdings nicht mehr in erster Linie auf den Fortschritt der Geschichte, sondern auf die Geschichtlichkeit des Menschen als solche: Als geschichtliches Wesen, so hieß es, sei der Mensch nämlich in erster Linie durch seine Gegenwartsgebundenheit definiert, und dies in einem emphatisch transzendentalen Sinne, der die Gegenwart nicht mehr ins Kontinuum der geschichtlichen Zeiten einband, sondern ihr als transzendentaler Existenzform einen quasi absoluten Status über Zukunft und Vergangenheit einräumte.[54]

Den Erfahrungen und Erwartungen der gegenwärtig lebenden Generation fiel damit ein praktisch grenzenloses Vorrecht gegenüber den Erfahrungen und Erwartungen früherer Generationen zu. Der Grundprämisse dieser bis heute im Grunde nie widerrufenen Geschichtsbetrachtung zufolge bezieht jedes Geschichtsbild seine leitenden Fragestellungen, theoretischen Hypothesen und Kategorien – und damit einen Großteil seiner wissenschaftlichen Legitimität – aus einer systematisierenden Aufbereitung »gegenwärtiger« Erfahrungen und Datenerhebungen.[55]

Dies lässt sich besonders gut am theoretischen Selbstverständnis der seit etwa 1960 auch in Deutschland vorherrschenden Richtung der »modernen Sozialgeschichte« und an deren Leitkategorien des »technisch-industriellen Zeitalters«, der »Modernisierung«, der »Säkularisierung« und »Demokratisierung« ablesen:[56] Den jeweils gerade gegenwärtigen »Erfahrungen« und soziologischen Theorien und Modelle bot diese Art von gegenwartszentrierter Geschichtsschreibung eine historisch kaum zu widerlegende Rechtfertigung durch die Berufung auf ihre »Relevanz« und »Aktualität«.

Mit ihrer erkenntnistheoretischen Monopolisierung des historischen Gegenwartsstandpunkts setzte sie die

Erfahrungen »vergangener« Generationen allerdings einer fundamentalen – und gegenüber den Positionen der voran gegangenen Generation durchaus gewollten – Relativierung aus. Dies ist eine bis heute vor allem in der Zeitgeschichte immer noch gängige Praxis: Sobald die früher gemachten Erfahrungen einmal als »vergangene Erfahrungen« erkannt und etikettiert werden, können sie, wie es seither jede alternde Generation immer wieder aufs neue leidvoll erlebt, ganz prinzipiell nicht mehr gegen die Erfahrungen »der Gegenwart« aufkommen. Die zeitliche Nähe der in der Zeitgeschichte verhandelten Ereignisse verleitet wohl in besonderem Maße zu der trügerischen Hoffnung, die »erste Generation danach« könne für alle Zeiten die Deutungsgewalt über die Vergangenheit an sich reißen.

Motiviert wird solche Form der Parteinahme natürlich immer wieder durch die Chance der politischen Beeinflussung zukünftiger Handlungsoptionen durch Geschichtsdeutungen, die bestimmten Optionen Vorschub leisten, andere dagegen behindern. Indem sie sich auf die Erfahrungen und Bedürfnisse »der Gegenwart« berufen, nehmen Historiker somit ein politisches Mandat in Anspruch, dessen geschichtsphilosophische Begründung durch die Berufung auf die Vorhersehbarkeit des Gangs der Geschichte allerdings fragwürdig geworden ist. In der neueren Literatur ist sie daher auch vielfach von der Berufung auf (demokratische) Werte abgelöst worden, deren Infragestellung wieder in die Sackgasse des generellen Werterelativismus zurück zu führen scheint, welcher schon in den geschichtstheoretischen Debatten des frühen 20. Jahrhunderts zum ausweglosen Problem geworden war.[57]

Doch dieser Schluss ist nicht zwangsläufig. Denn mit dem Verweis auf die Zeitgebundenheit aller menschlichen

Normen muss man nicht deren heutige Gültigkeit in Frage stellen, wie es z. B. in der sozialistischen Kritik des 19. Jahrhunderts an der »bürgerlichen« Moral der damals gegenwärtigen Gesellschaft üblich war. Weder darum, nicht für die »richtige« Seite im Kampf der Geschichtsbilder Partei zu ergreifen, noch darum, deren Gegensätzlichkeit zu »überwinden« oder perspektivisch »aufzulösen«, geht es, sondern darum, die historisch kurzatmige Ebene solcher »Standpunkt«-Historie überhaupt zu überwinden. Denn wer die Aufgabe des Historikers darin sucht, das Fremde vergangener Geschichtsbilder in einem Standpunkt »jenseits« der Geschichte«, in »ewigen Werten«, einem wie auch immer verstandenen Werteneutralismus oder gar in einer Moral »jenseits von Gut und Böse« »aufzuheben«, entzieht jeder perspektivisch auf die Zukunft angelegten Geschichtsbetrachtung den Boden. Ohne politisches Engagement und moralische Urteile über die Vergangenheit gäbe es weder zeitgebundene Geschichtsbilder noch die Möglichkeit, aus dem Fehlschlag ihrer impliziten Zukunftsprognosen zu lernen.

Umgekehrt darf das Fremde an vergangenen Erfahrungen und Erwartungen jedoch auch nicht nur ideologiekritisch im je gegenwärtigen Geschichtsbild des Historikers verrechnet werden, wenn Historiographie nicht wissenssoziologisch auf die ideologische Rechtfertigung gegenwärtiger Normen und Interessen verkürzt werden soll. Der Realismus historischer Forschungen und Darstellungen bemisst sich deshalb, jenseits seiner quellenkritischen Fundierung, in erster Linie nicht an der Einlösung seiner impliziten geschichtlichen Prognosen, und schon gar nicht an den pädagogischen Zielen der gerade vorherrschenden Geschichtspolitik, sondern an der Fähigkeit, die historische Reichweite und Geltungskraft vergangener Geschichtsbilder zu ermitteln und ihren Einfluss auf das Handeln derjenigen herauszuarbeiten, die an sie »glaubten«, ihnen vertrauten und ihre Worte und Taten an ihnen ausrichteten.

5. Tiefenstrukturen des geschichtlichen Raums

Die Überlegungen des letzten Abschnitts orientierten sich vorwiegend an Ereignissen, die dem Historiker des beginnenden 21. Jahrhunderts noch nahe liegen. Es sollen deshalb an dieser Stelle einige Bemerkungen zur Geschichte räumlich und zeitlich weit entfernter Gesellschaften angeschlossen werden.

Der Einfluss des Dritten Reiches, des Ersten Weltkrieges, ja selbst der politischen und industriellen Revolutionen des 19. Jahrhunderts auf die gegenwärtige europäische Gesellschaft leuchtet uns unmittelbar ein, ebenso auch der umgekehrte Einfluss neuer Erfahrungen in der Gegenwart auf das Geschichtsbild von jenen noch nicht weit zurückliegenden Ereignissen. Dies scheint jedoch nicht in gleichem Maße auch für die Periode des europäischen Mittelalters und Altertums, noch weniger für die Geschichte anderer Kontinente zu gelten. Die Geschichte ferner Regionen und Zeiten bzw. der dort bestehenden Gesellschaften weist für uns eine größere innere Stabilität auf, die Geschichten über sie scheinen weniger berührbar durch neue Erfahrungen in unserer eigenen Zeit.

Veränderungen in der Historiographie sind allerdings auch hier deutlich erkennbar – und dies auch jenseits der materiellen Entdeckungen neuer Quellen, die unser Wissen fortlaufend bereichern und dadurch unser Bild von vergangenen Zeiten verändern: So orientieren sich auch bezogen auf jene Zeiten und Räume die Forschungen der Historiker, das Interesse, das sie jenen entgegenbringen, an aktuellen Bedürfnissen und daraus abgeleiteten Fragestellungen: Die Entdeckung der antiken und mittelalterlichen Kultur- und Wirtschaftsgeschichte im ausgehenden 19. Jahrhundert, das heutige Interesse an der Stellung der Frau in diesen Gesellschaften sind hierfür naheliegende Beispiele. Mit den Fragestellungen entstanden neue Kategorien und theoretische Hypothesen, mit denen die Vergangenheit gedeutet wurde. Alte Kategorien wie etwa die Rede vom »Staat« des Mittelalters verloren an Plausibilität; neue Periodisierungen wie etwa die (partielle) Verlagerung der Epochenschwelle der »Neuzeit« vom Reformationszeitalter ins 18. Jahrhundert und die »Entdeckung« ganz neuer Epochen wie der des Hellenismus durch Droysen und der Renaissance durch Michelet verschoben den Blick auf die Vergangenheit.

Solche Verschiebungen scheinen seit dem ausgehenden 18. Jahrhundert gehäuft aufzutreten und zeigen eine zunehmende Revision auch des Geschichtsbildes ferner Zeiten und Regionen an. Sie lassen eine allgemeine Korrespondenz zwischen dem historiographischen Revisionsbedarf einer Gesellschaft und der Tiefe ihres Geschichtsraumes vermuten: Gesellschaften, die sich stark und fortlaufend verändern, scheinen das Bedürfnis zu verspüren, die Tiefe ihres Geschichtsraumes zu verkürzen; Gesellschaften dagegen, die an der Kontinuität und Konstanz ihres Bestandes interessiert sind, greifen meist extrem weit in die Vergangenheit zurück.

Ein Beispiel für letztere ist das jüdische Volk, welches im Kampf um seine ethnische, religiöse und staatliche

Existenz an einer möglichst starken Kontinuität und Konstanz seiner geschichtlichen Identität interessiert ist: Seine Geschichte umfasst seit der Gründung erster städtischer Siedlungen in der Region des heutigen Israel zu Beginn des Neolithikums einen Zeitraum von fast zehntausend Jahren. Ganz anders dagegen die Geschichte vieler junger revolutionärer Staaten der Dritten Welt, deren Nationalgeschichte oft nur wenige Jahrzehnte umfasst. Die Franzosen setzten 1792 mit der Etablierung eines neuen Kalenders sogar einen neuen rechnerischen Nullpunkt ihrer Geschichte, die sozialistischen und kommunistischen Parteien des 20. Jahrhunderts erklärten die Zeit vor der Revolution, gelegentlich sogar schon vor deren Eintreten, zur feudalen und bürgerlichen Vorgeschichte der neuen kommunistischen Gesellschaft und grenzten sie so von deren Geschichtsraum ab.

Die modernen Industriestaaten Westeuropas beschritten in den letzten Jahrzehnten einen Mittelweg: Indem sie die bürgerlichen Revolutionen des 17. bis 19. Jahrhunderts zur wichtigsten Epochenschwelle der Menschheitsgeschichte erklärten,[58] verkürzten auch sie die Tiefe ihres Geschichtsraumes auf wenige Jahrhunderte. Zugleich bewahrten sie zwar die Erinnerung an ihre frühere Geschichte, verfremdeten sie jedoch in Anlehnung an die außereuropäischen Gesellschaften sukzessive zur Geschichte des »Anderen«, des »Fremden«.[59] Damit gewann diese Geschichte zwar ein neues Interesse, das Interesse z. B. an anthropologischen Langzeitstrukturen der Menschheit, auch an möglichen Alternativen zur gegenwärtigen Gesellschaftsstruktur, welche in Zukunft vielleicht einmal partiell wiederbelebt werden könnten. Doch der eigentlich geschichtliche, der temporale Zusammenhang zur Gegenwart hat sich damit gelockert, der Kontinuitätsbruch des heutigen gegenüber dem Geschichtsbild des 19. Jahrhunderts ist auch hier unübersehbar.

Dies lässt sich nicht nur am Wandel des historiographischen Interesses, sondern vor allem auch an der Weite und Dichte der historiographischen Bezüge zwischen der modernen und der vormodernen Epoche nachweisen. Mit der Verkürzung des europäischen Geschichtsraumes in den vergangenen hundert Jahren haben sich die maßgeblichen Leitideen des Geschichtsbildes grundlegend verändert: An die Stelle der langfristigen Kontinuität christlicher Glaubensüberzeugungen sind kurzfristigere Ideale wie die Menschenrechte des 18. Jahrhunderts oder die sozialen Gleichheitspostulate der modernen Demokratie getreten. Die europäischen Nationen führen ihre Geschichte nicht mehr wie im 19. Jahrhundert auf frühmittelalterliche Gründungskönige wie Karl den Großen, Alfred den Großen oder Stefan den Heiligen zurück, sondern erkennen diese Rückführung selbst als eine »Erfindung« der neuen Schwellenzeit.[60] Am Mittelalter insgesamt fasziniert viele heute weniger das Gemeinsame und »Moderne« als vielmehr das Trennende und »Archaische«.

All dies zeigt, wie auch die Wahrnehmung ferner Gesellschaften in der Moderne fundamentale Veränderungen durchläuft. Solche Veränderungen ergeben sich in erster Linie durch das Geflecht empirisch nachweisbarer temporaler Bezüge zwischen Gegenwart und Vergangenheit: durch Epochengliederungen, Entwicklungsmodelle, den Nachweis der Gleichzeitigkeit »ungleichzeitiger« Zustände und Prozesse in verschiedenen Ländern und Kulturen der Erde. Durch sie werden auch große Zeiträume historisch überbrückbar, die Ferne der Vergangenheit und fremder gegenwärtiger Regionen wird nahe gerückt. Deshalb ist unser temporales Beziehungsnetz zu fernen Geschichtsräumen zwar in gewissem Sinne grob- und weitmaschiger als das zur nahen Vergangenheit, aber deshalb der Geschichtsbetrachtung nicht weniger zugänglich.

6. Historismus und neue Annalistik

Seit dem Siegeszug der Sozialgeschichte nach dem Zweiten Weltkrieg ist es in der deutschen Geschichtswissenschaft üblich geworden, die Zeit der neueren strukturgeschichtlichen Betrachtungsweise der Geschichte von einer älteren Epoche abzusetzen, die man als Epoche des »Historismus« bezeichnet und als die dominante Form der Geschichtsschreibung seit der Aufklärung beschreibt.[61] Die Unterschiede liegen jedoch hauptsächlich in der methodischen Herangehensweise an die Aufbereitung und Verarbeitung historischer Quellen sowie in der Verwendung neuer theoretischer Modelle für die Erklärung historischer Sachverhalte, weniger auf dem Gebiet der Geschichtstheorie, d. h. im zugrunde liegenden Begriff der Geschichte selbst. Die Ähnlichkeiten sind hier sogar so groß, dass selbst der in der »modernen Sozialgeschichte« gängige Begriff von »Geschichte« noch immer als »historistisch« bezeichnet werden kann.[62] Von ihm hebt sich der hier vorgestellte annalistische Geschichtsbegriff durch zwei grundsätzliche Unterscheidungsmerkmale ab:

Die historistische Geschichtsbetrachtung ist erstens immer gegenwartsorientiert. Wie sich die Bedeutung vergangener sprachlicher Zeugnisse dem Verständnis des Historisten nur durch deren Übersetzung in seine eigene

Gegenwartssprache erschließt, so erschließt sich ihm die historische Bedeutung vergangener Ereignisse auch immer nur im Lichte seiner Wahrnehmung der eigenen Gegenwart. Die annalistische Geschichtsbetrachtung ist demgegenüber mehrpolig: Sie kreist um den Zeitpunkt der betrachteten Vergangenheit ebenso wie um den der betrachtenden Gegenwart. In ihr werden vergangene historische Perspektiven auf die damalige Vergangenheit, Gegenwart und Zukunft gegenwärtigen Perspektiven auf die Geschichte (wiederum in ihrer dreidimensionalen Erstreckung) so konfrontiert, dass sich aus deren Differenz die spezifische Qualität des historischen Wandels ablesen lässt.

Das historische Ereignis, dessen Bedeutung dem Historisten hinreichend durch den Zusammenhang bestimmt zu sein scheint, in dem es innerhalb eines bestimmten historischen Prozesses oder Zustands gerade steht, dieses Ereignis stellt sich dem Blick des Annalisten als eine geschichtliche Größe dar, dessen Bedeutung durch keinen einzelnen geschichtlichen Zusammenhang hinreichend beschreibbar ist. Geschichtstheoretisch kann seine Bedeutung nur als das Produkt einer Überlagerung vieler Geschichten beschrieben werden. Fragt man nach den Gründen seines Eintretens, so müsste es letztlich als historischer Zufall bezeichnet werden. Doch gerade als solches erklärt es dem Annalisten den Gang der Geschichte: und zwar aus der Differenz zwischen den historischen Perspektiven der vergangenen Zukunft (d. h. einer Zukunft relativ zum Zeitpunkt des betrachteten Ereignisses selbst) und der gegenwärtigen Vergangenheit (d. h. einer Vergangenheit relativ zum heutigen Betrachter).

Die annalistische Geschichtsschreibung nimmt daher als Zentrierungspunkte des eigentlichen historischen

Wandels vor allem jene vergangenen Schwellenzeiten in den Blick, in denen sich unter dem Eindruck neuer kollektiver Erfahrungen und Betrachtungsweisen die Perspektiven auf Vergangenheit, Gegenwart und Zukunft nachhaltig verschoben haben. Nicht die vergangenen Ereignisse als solche, so wichtig sie dem historistischen Betrachter auch erscheinen mögen, sondern ihre Potenz, den Blick auf die geschichtlichen Deutungszusammenhänge, in die wir sie als historische Ereignisse immer schon einbetten, zu verändern, macht sie für den annalistischen Betrachter historisch bedeutsam.

Jenseits der sich im Laufe der Zeit ablösenden Geschichtsbilder zeichnet sich so ein historischer Gesamtzusammenhang ab, der eine absolute, jedes einzelne Geschichtsbild transzendierende und doch nur im Durchgang durch deren Summe zu gewinnende Gültigkeit besitzt. Ihn arbeitet die annalistische Geschichtsbetrachtung heraus, indem sie zum einen den Wechsel der historistischen Geschichtsbilder an die realen Ereignisse zurückbindet, die ihn ausgelöst haben; zum andern, indem sie in der Überlagerung vergangener Geschichtsdeutungen die Mehrdeutigkeit und Bedeutungsfülle eines vergangenen Ereignisses herausarbeitet. Sie distanziert sich damit gleichermaßen vom unhaltbaren Objektivitätsanspruch historistischer Geschichtsdarstellungen wie von der mentalen Selbstbeschränkung diskurstheoretischer und konstruktivistischer Geschichtsentwürfe.

Charakteristisch für die historistische Geschichtstheorie ist zweitens, dass sie von der Geschichte als einer metaphysischen Einheit ausgeht. Die Welt der Ereignisse, die geschichtliche Zeit entwirft sie als Einheit, d. h. als abstrakten, homogenen und potentiell unendlichen Zeitraum, in dem sich jedes historische Ereignis und jedes temporale Verhältnis exakt verorten lässt. Die Einheit der Geschichte kann dabei auf unterschiedliche Weise angesetzt werden: theologisch als »Werk Gottes«, soziologisch als »Gesellschaft im Wandel« oder auch einfach positivistisch als »Welt« von Ereignissen, Tatsachen oder ähnlichen Einzelbefunden.

Jede Analyse vergangener Zeitstrukturen zeigt jedoch, dass die Geschichte aus einer Fülle ganz unterschiedlicher Zeitordnungen besteht: darunter solche von relativ schnellem und solche von langsamerem Wandel, zyklische und lineare, prozess- und zäsurzentrierte, gegenwarts-, zukunfts- und vergangenheitsorientierte Zeitordnungen usw. Annalistisch betrachtet stellt sich die Zeit der Geschichte daher eher als temporäres und punktuelles Zusammenspiel unterschiedlicher temporaler Ordnungen und Perspektiven dar, das sich nur im Zuge der Geschichtsproduktion selbst zu einem Ganzen zusammen fügt, aber nicht als abstraktes und meta-historisches Ordnungsschema vorab existiert.

Die Geschichte erscheint deshalb aus annalistischer Perspektive eher als eine Art von temporalem Gewebe, das sich aus einer großen Anzahl mehr oder weniger dichter Verknüpfungen zusammensetzt. Die Knotenpunkte sind die historischen Ereignisse, die Fäden, aus denen das Gewebe besteht, die Geschichtsbilder mit ihren temporalen Strukturen und Zeitordnungen, die wir als historisch arbeitende Menschen zwischen den Ereignissen herstellen und erkennen. In der annalistisch verstandenen Geschichte hängt nicht alles mit allem zusammen, sondern zusammen hängen nur diejenigen Ereignisse, zwischen denen die Menschen tatsächlich historische Bezüge herstellen.

In Anerkennung der Tatsache, dass »die« Geschichte – über alle Kontingenz und Unverfügbarkeit historischer Zufälligkeiten und göttlicher Fügungen hinweg – von uns als geschichtlich handelnden Menschen selbst hergestellt wird, ist dem Annalisten dann auch eine Welt denkbar, in der es keine oder nur wenige geschichtliche Strukturen, temporale Ereigniszusammenhänge und Sinnbezüge gab, gibt oder geben wird. Historisch zu denken ist nur *eine* Möglichkeit der Aneignung von und Orientierung in der Welt, wenn auch eine bislang immer noch außerordentlich erfolgreiche.

1 Vgl. Peter Burke, *Offene Geschichte. Die Schule der ›Annales‹*, Berlin 1990, S. 21 ff.; Arnold Sywottek, Die Fischer-Kontroverse. Ein Beitrag zur Entwicklung des politisch-historischen Bewusstseins in der Bundesrepublik, in: Immanuel Geiss, B. J. Wendt (Hg.), *Deutschland in der Weltpolitik des 19. und 20. Jahrhunderts. Festschrift für Fritz Fischer zum 65. Geburtstag*, Düsseldorf 1973, S. 19-47; Volker Berghahn, Die Fischer-Kontroverse – 15 Jahre danach, in: *Geschichte und Gesellschaft*, Jg. 6, 1980, S. 403-419; zum grundsätzlichen Problem auch Reinhart Koselleck, Erfahrungswandel und Methodenwechsel. Eine historisch-anthropologische Skizze, in: ders., *Zeitschichten. Studien zur Historik*, Frankfurt 2000, S. 27-77.

2 Vgl. Ute Daniel, *Kompendium Kulturgeschichte. Theorien, Praxis, Schlüsselwörter*, Frankfurt 2001, S. 7 ff.

3 Vgl. Ulrich Dierse, Gunther Scholz, Art. Geschichtsphilosophie, in: *Historisches Wörterbuch der Philosophie*, Bd. 3, Basel 1974, Sp. 416-439; Odo Marquard, *Schwierigkeiten mit der Geschichtsphilosophie*, Frankfurt 1973; Klaus E. Müller, Jörn Rüsen (Hg.), *Historische Sinnbildung. Problemstellungen, Zeitkonzepte, Wahrnehmungshorizonte, Darstellungsstrategien*, Hamburg 1997.

4 Vgl. Peter Berger, Thomas Luckmann, *Die gesellschaftliche Konstruktion der Wirklichkeit*, 17. Aufl., Frankfurt 2000; Michel Foucault, *Die Ordnung der Dinge. Eine Archäologie der Humanwissenschaften*, Frankfurt 1971 (= Les mots et les choses, Paris 1966); Hayden White, *Metahistory. Die historische Einbildungskraft im 19. Jahrhundert in Europa*, Frankfurt 1991 (= Metahistory. The Historical Imagination in Nineteenth-Century Europe, Baltimore 1973); Gerhard Rusch, *Erkenntnis, Wissenschaft, Geschichte*, Frankfurt 1987; zusammenfassend Hans-Jürgen Goertz, Art. Wirklichkeit, in: *Lexikon Geschichtswissenschaft. Hundert Grundbegriffe*, hg. v. Stefan Jordan, Stuttgart 2002, S. 328-331.

5 Zum Folgenden vgl. Reinhart Koselleck, Christian Meier, Odilo Engels, Horst Günther, Art. Geschichte, in: *Geschichtliche Grundbegriffe. Historisches Lexikon zur politisch-sozialen Sprache in Deutschland*, hg. v. Otto Brunner, Werner Conze, Reinhart Koselleck, Bd. 2, Stuttgart 1975, S. 593-718.

6 Vgl. Uvo Hölscher, *Die Odyssee. Epos zwischen Märchen und Roman*, München 1988, S. 135 ff.; Aaron J. Gurjewitsch, *Das Weltbild des mittelalterlichen Menschen*, 3. Aufl. München 1986, S. 28 ff.; Lucian Hölscher, *Die Entdeckung der Zukunft*, Frankfurt 1999, S. 17 ff.

7 So schon Johann Gustav Droysen, *Historik. Vorlesungen über Enzyklopädie und Methodologie der Geschichte*, hg. v. Rudolf Hübner, 7. Aufl. Darmstadt 1972, S. 6 ff.: Als Bedingung der Möglichkeit von Erfahrung waren Raum und Zeit für die Schüler Kants allem geschichtlichen Wandel enthoben. Vgl. auch Georg Simmel, Das Problem der historischen Zeit, in: ders., *Das Individuum und die Freiheit. Essais*, Stuttgart 1957, S. 48-60, hier S. 48: »Ein Wirklichkeitsinhalt ist dann ein historischer, wenn wir ihn innerhalb unseres Zeitsystems an eine bestimmte Stelle geheftet wissen ...«

8 Karl Marx, Friedrich Engels, Deutsche Ideologie, in: *Marx-Engels-Werke,* Bd. 3, Berlin 1969, S. 20.

9 Vgl. Heinz-Dieter Kittsteiner, *Naturabsicht und unsichtbare Hand. Zur Kritik des geschichtsphilosophischen Denkens*, Frankfurt 1980.

10 Vgl. Müller/Rüsen, *Historische Sinnbildung* (wie Anm. 3).

11 Vgl. Hans-Ulrich Wehler, *Modernisierungstheorie und Geschichte*, Göttingen 1975; Jürgen Kocka, *Sozialgeschichte. Begriff – Entwicklung – Probleme*, 2., erweiterte Aufl., Göttingen 1986.

12 Ulrich Raulff, *Der unsichtbare Augenblick. Zeitkonzepte in der Geschichte*, Göttingen 1999.

13 Fernand Braudel, *Das Mittelmeer und die mediterrane Welt in der Epoche Philipps II.*, Frankfurt 1990 (= La Méditerranée et le monde mediterranéen à l'époque de Philippe II (1949), Paris 1966); ders.: Geschichte und Sozialwissenschaften. Die longue durée (= Histoire et sciences sociale. La longue durée, Paris 1959), in: Claudia Honegger (Hg.), *Schrift und Materie in der Geschichte. Vorschläge zur systematischen Aneignung historischer Prozesse*, Frankfurt 1977, S. 47-85.

14 Vgl. Jacques LeGoff, Zeit der Kirche und Zeit des Händlers im Mittelalter (1960), in: Honegger, *Schrift und Materie* (wie Anm. 13), S. 393-414; Gerhardt Dohrn-van Rossum: Zeit der Kirche – Zeit der Händler – Zeit der Städte, in: Rei-

ner Zoll (Hg.), *Zerstörung und Wiederaneignung von Zeit*, Frankfurt 1988, S. 89-119.

15 Vgl. Ernst von Glasersfeld, *Radikaler Konstruktivismus. Ideen, Ergebnisse, Probleme*, Frankfurt 1996; Rusch, *Erkenntnis* (wie Anm. 4).

16 Vgl. hierzu zusammenfassend Thomas Mergel, Kulturgeschichte – die neue »große Erzählung«? Wissenssoziologische Bemerkungen zur Konzeptualisierung sozialer Wirklichkeit in der Geschichtsschreibung, in: Wolfgang Hardtwig, Hans-Ulrich Wehler (Hg.), *Kulturgeschichte heute*, Göttingen 1996, S. 41-77, hier besonders. S. 62 f.; ders.: Überlegungen zu einer Kulturgeschichte der Politik, in: *Geschichte und Gesellschaft*, Jg. 28, 2002, S. 574-606.

17 Grundlegend hierzu vor allem die Schriften Michel Foucaults, z. B.: Nietzsche, die Genealogie, die Historie, in: Christoph Conrad, Martina Kessel (Hg.), *Kultur & Geschichte. Neue Einblicke in eine alte Beziehung*, Stuttgart 1998, S. 43-71

18 Foucault, *Ordnung der Dinge* (wie Anm. 4); Benedict Anderson, *Die Erfindung der Nation. Zur Karriere eines folgenreichen Konzepts,* Frankfurt 1996 (= Imagined Communities. Reflections on the Origin and Spread of Nationalism, London 1983).

19 Jacques LeGoff, *Geschichte und Gedächtnis*, Frankfurt 1992 (= Storia e memoria, Paris 1977); Pierre Nora, *Zwischen Geschichte und Gedächtnis*, Berlin 1990; Jan Assmann, *Das kulturelle Gedächtnis*, München 1992; ders., *Religion und kulturelles Gedächtnis,* München 2000.

20 Jörn Rüsen, Geschichtskultur als Forschungsproblem, in: *Jahrbuch für Geschichtsdidaktik*, hg. v. Klaus Fröhlich, Heinrich T. Grütter, Jörn Rüsen, Bd. 3, Pfaffenweiler 1992, S. 39-61; ders., Geschichtskultur, in: *Handbuch der Geschichtsdidaktik*, hg. Klaus Bergmann, Klaus Fröhlich, Annette Kuhn, Jörn Rüsen, Gerhard Schneider, 5. Aufl., Seelze-Velber 1997, S. 38-41.

21 Zur Kritik vgl. Lucian Hölscher, Geschichte als »Erinnerungskultur«, in: *Generation und Gedächtnis*, hg. v. Kristin Platt und Mihran Dabag, Opladen 1995, S. 158 f.

22 Vgl. Robert von Ranke-Graves, *Griechische Mythologie* (1955), Hamburg 1986 (= The Greek Myths, London 1981);

vgl. auch Richard J. Evans, *Fakten und Fiktionen. Über die Grundlagen historischer Erkenntnis*, Frankfurt 1998 (= In Defence of History).

23 In Frage gestellt wurde in der neueren Theorie der Erinnerung stets nur die Legitimität dieser Übertragung, nicht jedoch die Form der Zurechnung von Vergangenem zur Gegenwart des Erinnernden selbst.

24 Aurelius Augustinus, *Confessiones. Bekenntnisse. Lateinisch und Deutsch*, hg. v. Joseph Bernhart, 3. Aufl., München 1966, Buch XI, S. 628 ff.

25 Vgl. hierzu Hölscher, *Geschichte als »Erinnerungskultur«* (wie Anm. 21), S. 163.

26 Vgl. neben Johann Gustavs Droysens »Historik« hierzu auch Walter Benjamin, Über den Begriff der Geschichte, in: ders., *Gesammelte Schriften*, hg. v. Rolf Tiedemann und Hermann Schweppenhäuser, Bd. 2, Frankfurt 1980, S. 691-704.

27 Vgl. dazu Arthur C. Danto, *Analytische Philosophie der Geschichte*, Frankfurt 1974 (= Analytical Philosophy of History, Cambridge 1965); Reinhart Koselleck, Standortbindung und Zeitlichkeit, in: ders., W. Mommsen, J. Rüsen (Hg.), *Objektivität und Parteilichkeit* (= Theorie der Geschichte Bd. 1), München 1977, S. 17-46.

28 Vgl. Mergel, *Kulturgeschichte* (wie Anm. 16).

29 Vgl. Kocka, *Sozialgeschichte* (wie Anm. 11), bes. S. 146 ff.

30 Vgl. Peter Burke, *Eleganz und Haltung*, Berlin 1997 (= Varieties of Cultural History, Cambridge 1997); Daniel, *Kompendium Kulturgeschichte* (wie Anm. 2); Mergel, *Kulturgeschichte* (wie Anm. 16); ders., *Überlegungen* (wie Anm. 16).

31 Reinhart Koselleck, *Vergangene Zukunft. Zur Semantik geschichtlicher Zeiten*, Frankfurt 1979; ders., Über die Theoriebedürftigkeit der Geschichtswissenschaft, in: ders., *Zeitschichten* (wie Anm. 1), S. 298-317.

32 Vgl. hierzu die entsprechenden Begriffsartikel in: *Geschichtliche Grundbegriffe* (wie Anm. 5), 8 Bde., Stuttgart 1972-1997.

33 Vgl. Augustinus, *Confessiones* (wie Anm. 24).

34 Vgl. z. B. Reinhart Koselleck, Geschichte, Geschichten und formale Zeitstrukturen, in: ders., *Vergangene Zukunft* (wie Anm. 31), S. 130-143.

35 Vgl. Hans-Jochen Gamm, *Der braune Kult. Das Dritte Reich und seine Ersatzreligion*, Hamburg 1962.

36 Maurice Halbwachs, *Les cadres sociaux de la mémoire*, Paris 1925.

37 Vgl. Paul Ricoeur, *Zeit und Erzählung*, München 1988 (= Temps et récit, Paris 1984), Bd. 1, S. 13 ff.

38 Vgl. hierzu exemplarisch die Überblicksdarstellung von Georges Minois, *Geschichte der Zukunft. Orakel, Prophezeiungen, Utopien, Prognosen*, Düsseldorf 1998 (= *L'histoire de l'avenir. Des prophètes à la prospective*, Paris 1996).

39 Vgl. Lucian Hölscher, *Entdeckung der Zukunft* (wie Anm. 6), S. 233 ff.; ders., Zukunft und Historische Zukunftsforschung, in: *Sinn – Kultur –Wissenschaft. Eine interdisziplinäre Bestandsaufnahme*, hg. v. Friedrich Jaeger und Burkhard Liebsch, Bd. 1, Stuttgart, voraussichtlich 2003.

40 Vgl. Lucian Hölscher, *Weltgericht oder Revolution. Protestantische und sozialistische Zukunftsvorstellungen im Deutschen Kaiserreich*, Stuttgart 1989, passim und S. 438 ff.; ders., *Entdeckung der Zukunft* (wie Anm. 6), S. 129 ff.

41 Vgl. Reinhart Koselleck, Vergangene Zukunft der frühen Neuzeit, in: ders.: *Vergangene Zukunft* (wie Anm. 31), S. 17-37

42 Vgl. Bertrand de Jouvenel, *Die Kunst der Vorausschau*, Köln 1967 (= L'art de conjecture, Paris 1964); Hölscher, *Weltgericht* (wie Anm. 40), S. 14 ff.

43 Vgl. Arthur C. Danto, *Analytische Philosophie der Geschichte*, Frankfurt 1974; Ricoeur, *Zeit und Erzählung* (wie Anm. 37); White, *Metahistory* (wie Anm. 4); ders., *Die Bedeutung der Form. Erzählstrukturen in der Geschichtsschreibung*, Frankfurt 1990.

44 Vgl. Koselleck, Art. *Geschichte* (wie Anm. 5); Jörn Rüsen, *Rekonstruktion der Vergangenheit. Die Prinzipien der historischen Forschung* (= Grundzüge einer Historik, Bd. 2), Göttingen 1986, S. 47 ff.

45 Vgl. Walter Benjamin, *Begriff der Geschichte* (wie Anm. 26); Danto, *Analytische Philosophie* (wie Anm. 27), S. 232 ff.

46 Danto, *Analytische Philosophie* (wie Anm. 27), S. 27 f.

47 Vgl. Annette Verhein, *Das politische Ereignis als historische Geschichte. Auslandskorrespondentenberichte des Fern-*

sehens in historiographischer Perspektive, Frankfurt 1990, S. 19 f.

48 Reinhart Koselleck, ›Erfahrungsraum‹ und ›Erwartungshorizont‹ – zwei historische Kategorien, in: ders., *Vergangene Zukunft* (wie Anm. 31), S. 349-375.

49 Danto, *Analytische Philosophie* (wie Anm. 27), S. 232 ff.

50 Vgl. Gerhard Dohrn-van Rossum, *Die Geschichte der Stunde. Uhren und moderne Zeitordnungen*, München 1992, S. 49 ff.

51 Vgl. Johann Martin Chladenius, *Allgemeine Geschichtswissenschaft*, Leipzig 1752, Ndr. Wien 1985, S. 249.

52 In einem diesem Verständnis vorgelagerten Sinne sprach schon Michel Foucault von einer »*Archäologie des Wissens*«, Frankfurt 1969 (= L'archéologie du savoir, Paris 1969); vgl. den Begriff auch schon in seinen oben Anm. 4 und 17 zitierten Schriften.

53 Vgl. Reinhart Koselleck, *Standortbindung und Zeitlichkeit* (wie Anm. 27).

54 Vgl. Martin Heidegger, *Sein und Zeit*, 11. Aufl., Tübingen 1967, S. 372 ff.; Rudolf Bultmann, *Geschichte und Eschatologie*, Tübingen 1964.

55 Vgl. Wolfgang Mommsen, *Die Geschichtswissenschaft jenseits des Historismus*, Düsseldorf 1971.

56 Vgl. Wehler, *Modernisierungstheorie* (wie Anm. 11).

57 Vgl. Ernst Troeltsch, *Der Historismus und seine Probleme* (= Gesammelte Schriften, Bd. 3), Tübingen 1922; Karl Heussi, *Die Krisis des Historismus*, Tübingen 1932.

58 Hans-Ulrich Wehler z. B. geht davon aus, »dass sich bis zum Ende des 18. Jahrhunderts eine beispiellose universalgeschichtliche Zäsur im Westen angebahnt hatte«, *Deutsche Gesellschaftsgeschichte,* Bd. 1, München 1987, S. 12. Ähnliche Urteile finden sich schon in den 1930er Jahren bei Hans Freyer u. a.

59 So vor allem die französische »Annales«-Schule, vgl. Burke, *Offene Geschichte* (wie Anm. 1).

60 Vgl. Anderson, *Erfindung der Nation* (wie Anm. 18).

61 Vgl. z. B. Mommsen, *Geschichtswissenschaft* (wie Anm. 55); Georg G. Iggers, *Neue Geschichtswissenschaft. Vom Historismus zur Historischen Sozialwissenschaft. Ein internationaler Vergleich*, München 1978; Friedrich Jäger, Jörn Rüsen, *Geschichte des Historismus. Eine Einführung*, München

1992; kritisch dazu die Auseinandersetzungen in: Otto Gerhard Oexle, Jörn Rüsen (Hg.), *Historismus in den Kulturwissenschaften*, Köln 1996.

62 Vgl. hierzu Thomas Nipperdey, Historismus und Historismuskritik heute, in: ders., *Gesellschaft, Kultur, Theorie*, Göttingen 1976, S. 59-73.

Nachwort

Der hier vorgestellte Umriss einer Theorie der Geschichte reicht in seinen Anfängen bis in die späten 1980er Jahre zurück, er ist seither jedoch in einer Reihe von Aufsätzen weiter entfaltet worden, die hier zum ersten Mal in einen durchgehenden argumentativen Zusammenhang gestellt werden. Meine Absicht ist dabei nicht, zu einer neuen Form der Geschichtsbetrachtung anzuleiten, für die hier die programmatischen Grundlagen gelegt würden. Vielmehr geht es mir in erster Linie darum, eine historiographische Praxis, die seit mehr als zwei Jahrzehnten vor allem unter jüngeren Historikern betrieben wird, theoretisch zu reflektieren und damit einen Beitrag zur theoretischen Neubestimmung der geschichtswissenschaftlichen Praxis unserer Tage zu leisten.

Die kritischen Impulse dieser jüngeren, oft als »kulturgeschichtlich« bezeichneten historiographischen Werke gegenüber der älteren politischen und Sozialgeschichtsschreibung äußern sich in sehr unterschiedlicher Weise: als Widerspruch gegen die Strukturlastigkeit der »modernen Sozialgeschichte«, als Wiederentdeckung des »Eigensinns« vergangener Gesellschaften, als Interesse an der kulturellen Semiotik handelnder Subjekte oder anders. Ihnen allen scheint jedoch, wie vor allem die anhaltende Attraktivität konstruktivistischer Ansätze zeigt, eine gewisse Skepsis gegenüber dem klassischen Konzept einer einheitlichen, sich einseitig nur vom Standpunkt der

Gegenwart, nicht auch von dem der betrachteten Vergangenheit aus entwerfenden geschichtlichen Wirklichkeit eigen zu sein. Indem die vorliegende Schrift einigen dieser kritischen Impulse nachgeht, gilt ihr besonderes Interesse der Suche nach einem gemeinsamen geschichtstheoretischen Fundament, auf das sie sich beziehen lassen.

Man sieht den hier niedergelegten Überlegungen und Beobachtungen ihre Herkunft aus einem Land an, dessen vorherrschendes Geschichtsbewusstsein im 20. Jahrhundert mehrere fundamentale Brüche durchlaufen hat. In Deutschland ist damit jedoch nur ein Problem besonders scharf in Erscheinung getreten, das sich auch Historikern anderer Länder bei der Arbeit mit dem klassischen Begriff einer einheitlichen und all umfassenden historischen Wirklichkeit stellt. Vermutlich wird es auch künftig wichtig sein, in der historischen Theoriebildung neben den Kontinuitäten auch den Diskontinuitäten und Brüchen in der Geschichte eine vermehrte Aufmerksamkeit zu schenken. Andernfalls droht sich die Vorstellung einer zusammenhängenden Geschichte der Menschheit auf die Dauer selbst zu diskreditieren.

Mein Dank gilt den Herausgebern der »Göttinger Gespräche zur Geschichtswissenschaft«, Hartmut Lehmann und Otto Gerhard Oexle, die diese Schrift in ihre Reihe aufgenommen haben und in deren wissenschaftlichen Mitarbeiterkreis ich sie im Januar 2002 vortragen und diskutieren konnte.

Bibliografische Information Der Deutschen Bibliothek
Die Deutsche Bibliothek verzeichnet diese Publikation
in der Deutschen Nationalbibliografie;
detaillierte bibliografische Daten sind
im Internet über http://dnb.ddb.de abrufbar.

www.wallstein-verlag.de
Vom Verlag gesetzt aus der Stempel Garamond
Druck: Hubert & Co, Göttingen

ISBN 3-89244-664-4